호위권무형법

3

경호무술

Since 1992
警護武術

호위권무형법

3

경호무술창시자 **장명진** 지음

이담 Books

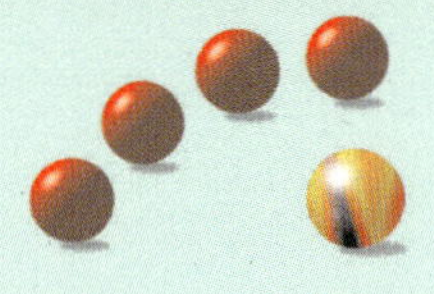

발 간 사

경호무술이란 자신을 포함하여 경호 대상에게 가해져 오는 공격으로부터 신체 및 생명을 보호해주는 **호위호신무술**이다.

경호무술을 창시한 본인은 1986년 군 복무시절 708특공대(경호부대)에서 경호무술에 대한 연구를 시작하였고, 1992년 3월 18일 국내최초로 서울특별시 중랑구 신내동에 경호원을 양성하는 국제경호아카데미를 개원하였다. 이후 1994년부터 2004년까지 『경호무술』, 『경호실무』(개정7권)를 공식 출판했으며, 특히 경호무술에 대한 무적·공법·기법·격투체계에 대하여 체계화와 정형화에 힘써 왔다. 아울러 경호무술에 대한 학문적 이론을 정립하여 체계화하였다. 국제경호아카데미 경호원 양성과정 및 장명진경호무술원과 대학교 등 외부기관에 출강하면서 착안한 경호무술 교육체계에 대하여 연구 표준화한 것을 1996년에 오픈한 사이버 경호무술교실에 구축하였다. 구축한 연구 내용을 정리하여 2004년 경호무술 개정본(본인이 직접 연구, 저술, 시연, 편집, 출판해 1인 5역으로 1,704page, 무게 8kg, 대작완성)으로 발간하였다.

이렇게 연구 출판된 『경호무술』은 각 군 관계부대와 직무에 관련된 정부기관인 경찰청, 경호처, 국정원, 법무부, 국무총리실, 국회 등 관계기관을 포함해 대학의 경호직무 관련(경호, 경찰, 군사, 교도 등) 학과와 경호무술원지도자, 수련자들에게 전공 및 연구교재로서 사용되면서 체계화된 학문적 이론과 과학적인 기술이 널리 알려지게 되었다. 아울러 국민의 여가와 체위 향상에 기여하고 있으며, 새로운 직업 창출에도 이바지하고 있다. 또한 해외보급이 본격화되면서 문화외교 역할을 통한 국위선양과 경제활동을 통한 서비스 산업으로 국익에 크게 기여하고 있다. 이처럼 경호무술은 그동안 최단 기간에 우리의 대중적 무예로 크게 발전해 국가와 사회에 기여하게 되어 창시자로서 매우 기쁘게 생각한다.

무예는 전통적으로 지·덕·체를 교육이념으로 삼아 왔으며, 또한 충효의 근본을 가르치는 역할을 담당하기도 했다. 무예를 가장 큰 교육이념으로 여겼던 나라는 동서양을 막론하고 대부분 부국강병을 성공적으로 이루어 오늘날 군사 및 경제 대국이 되었다. 세계사에서 부국강병을 이루게 된 대표적인 나라들로 영국과 일본을 주목하고 있다. 이들 나라의 공통점은 그 나라를 대표하는 무인정신을 꼽는다. 영국은 기사도정신 그리고 일본은 사무라이정신이 바로 그것이다. 이 같은 정신을 무사도 정신이라고 말하기도 한다. 중국 또한 무예를 신(神)이라 부를 만큼 신성시해 왔으며, 무예인들이 인격도야에 정진하면서 무예인을 도사라 칭하기도 했다. 이처럼 무예는 정치, 경제, 사회, 문화를 초월하는 보이지 않는 강력한 힘으로 다양한 가치를 재창조하는 에너지 원천과 같아 오늘날 첨단과학이 지배하고 있는 21세기가 된 지금도 세계 각국은 무예를 다양한 각도에서 연구하고 활용방안을 모색하고 있다. 많은 나라가 무예를 학교 체육 정규과목으로 채택해 교육을 강화하고 있으며, 문화 자원화 차원에서 무예에 대한 지식재산권을 확보하는 데도 힘을 쏟고 있다.

이 같은 변화에서 다소 늦은 감은 있으나 우리나라에서도 2008년 전통무예진흥법이 만들어진 점에 대하여 매우 다행스럽게 생각하며, 경호무술이 향후 국민의 건강 및 문화생활향상과 더불어 안전하고 행복한 삶을 추구하는 무술로서 한국을 대표하는 무예로서 세계화되기를 바란다. 끝으로 2011년 경호무술 책이 분권 출판되게 도와주신 한국학술정보(주) 사장님 및 관계자와 우리 가족 모두에게 깊이 감사한다.

경호무술창시자 장명진 약력

- 사단법인 한국경호무술진흥회 회장
- 전통무예원류적통자 모임 간사
- 장명진경호무술원 총원장
- 국무총리실 국가재난관리본부 자문위원
- 초당대학교 경호학과(경호무술) 겸임교수
- 고려대학교 사범대학원 석사과정(경호무술) 강사
- 선문대학교 무도학과, 충청대학 태권도학과(경호무술) 강사
- 국립경찰대학 수사보안연수소(인질협상/경호전략) 강사
- 중국연길시공안국 보안전문대학교 명예교수
- 한서대학교, 서일대학 사회교육원 경호학과(경호무술) 강사
- KBS아카데미 경호원 양성과정(경호무술) 강사
- 사단법인 한국무예포럼 운영위원
- 주식회사 탐경(경호회사) 대표이사
- 국제경호아카데미 원장
- 국제경호협회 회장
- 한국안전교육학회, 한국경호경비학회 운영위원
- 사단법인 한국경비협회 신변보호분과 운영위원
- 사단법인 한국직능단체총연합회 상임부회장
- 제10기 민주평화통일 자문위원(대통령)회 자문위원
- 윗몸일으키기(14,824회) 기네스 기록보유(1990년)
- 『경호무술』, 『경호실무』 저술(개정7권, 1994년~2011년)
- 『경호직무능력표준』, 『경호자격규정집』(2004년~2005년)
- 「경호산업문제분석과 발전방안에 관한 연구」 외 다수
- 대통령표창(2002년), 국무총리표창(2007년)

[무술입문 및 경호무술 창시 보급]

7세에 무예에 입문하여 태권도, 태껸, 합기도, 쿵후 등을 수련하고 경호무술을 창시하는 등 40여 년간 무공을 쌓았다. 1986년 708특공대(경호부대) 복무 중 경호무술 연구를 시작해 1992년 정립한 경호무술을 국내최초로 설립된 국제경호아카데미에서 경호원양성 교육과정으로 지도하기 시작했다. 이후 대학(교) 경호무술학과 및 경호학과 그리고 유관학과에 보급하였다. 1996년 국내최초로 인터넷 경호무술강좌를 시작하였으며, 초·중·고등학생 및 일반인을 대상으로 경호무술원을 개원하여 전국에 보급하고 있다. 중국·미국·남미지역에 해외지부를 두고 세계화 중에 있으며 국내외 주요 방송매체를 통해 크게 주목받고 있다.

목차

경호무술 창시 기원과 역사

제 3 권 호위권무형법

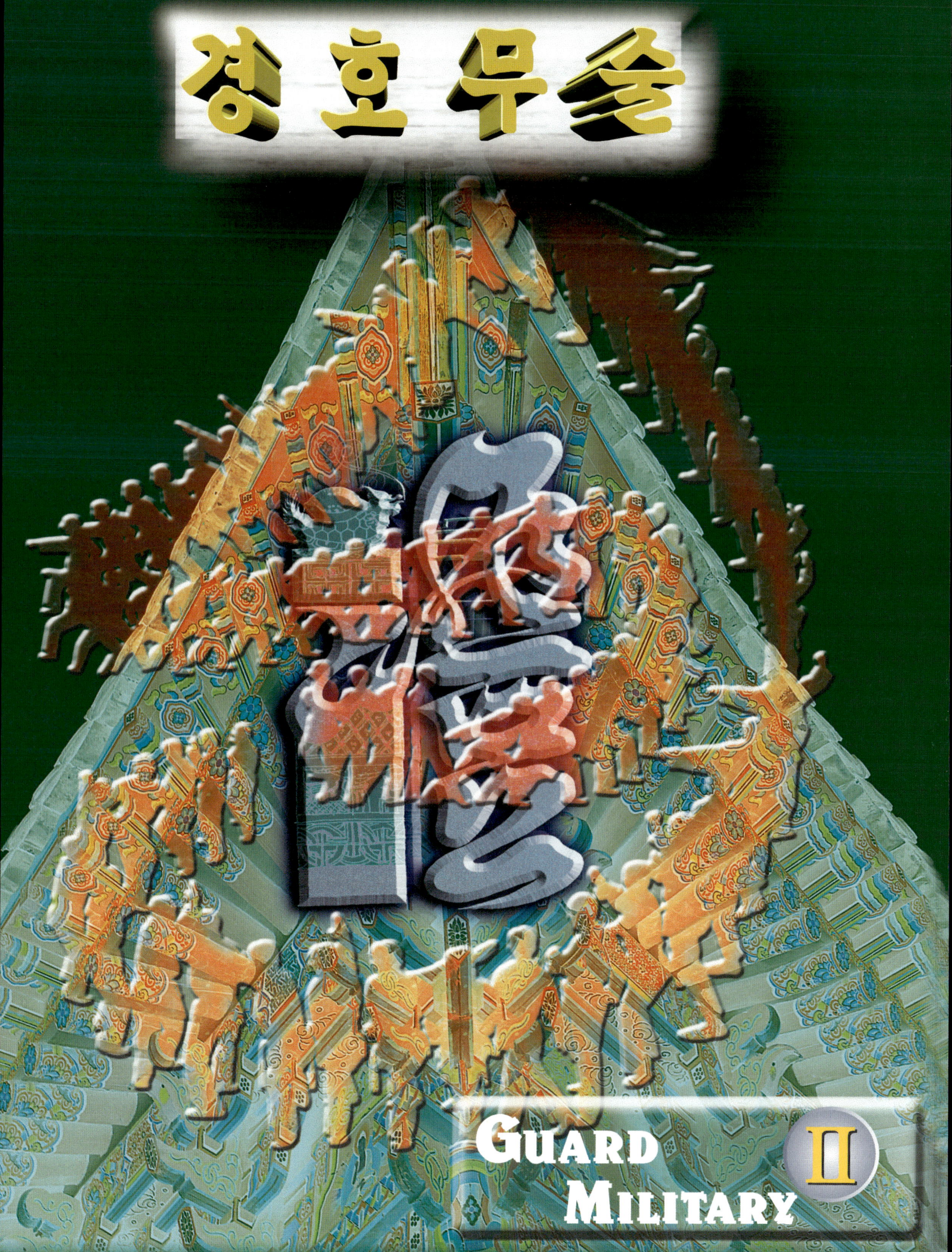

청호무술
GUARD
MILITARY
II

Guard Military

警
護
武
術

警
護
武
術

警
護
武
術

警
護
武
術

警
護
武
術
JHWA

警
護
武
術
KOREA

護
警
武
術

警
護
武
術

1. 경호무술 창시 배경과 연구

경호무술을 연구하게 된 배경은 본인이 1986년 708특공대(경호부대) 군 복무 중일 때이다. 당시 우리나라 최초로 열렸던 국제적인 행사(86서울아시안게임)에 경호임무를 부여받아 경호작전에 투입될 군, 장병에 대한 경호교육훈련 프로그램을 준비하던 중에 경호직무에 필요한 매뉴얼을 연구개발하게 된 것이 경호무술을 창시하는 계기가 되었다.

당시 우리 군에서는 전술훈련, 유격훈련, 공수훈련, 충정훈련, 대테러진압훈련 등은 매뉴얼화된 프로그램은 있었지만 체계적인 경호훈련 프로그램매뉴얼은 없었으며. 특히, 경호직무에 적합한 호위호신 무술은 개발되어 있지 않았다. 군에서 도입한 당시 무예로는 태권도, 특공무술이 보급되어 있었으나 품세와 발차기 기술위주의 태권도와 야삽술, 총검술, 단검술과 같은 기술위주의 특공무술은 경호직무 수행에 적합하지 않다고 판단되어 경호직무환경에 적합한 새로운 경호기법과 호위호신무술을 창시자 본인이 독자적으로 연구하는 계기가 되었다. 이후 88서울올림픽 경호작전임무를 또다시 맡게 되면서 본격적으로 심도 있는 연구개발을 하게 되었다(본인은 경호학에 대한 학문적 이론을 최초로 정립한 경호실무 원저자이기도 함. 1994년 저술).

당시 무예연구를 위해 우리전통무예에 관한 문헌을 포함한 국내외 각종무술책 등을 참고했으며, 대통령경호실 연무관을 방문하기도 했었다. 그러나 기술개발을 위한 참고문헌은 매우 부족했으며. 대통령경호실 연무관마저도 태권도 유도 등을 경호원 교육교과목으로 채택해 수련할 뿐이라 특별히 참고할 만한 것이 없었다.

경호무술개발을 위해서는 경호직무환경을 충분히 고려하여 연구하고, 호위적 관점에서 기술을 체계화해야 하기 때문에 경호실무에서 요구되는 지식과 기술을 신체운동의 원리와 등속직선운동의 원리(물체에 힘이 작용하면 물체는 운동 방향이나 속력이 변하는 운동을 하게 됨) 등을 결합할 수 있도록 과학적으로 연구해야 한다. 특히 경호환경은 일격필살의 기술도 요하지만, 적을 일시적으로 신체 및 기선을 제압하여 역습을 차단하는 기술과 공격하는 기술이 적이나 제3자에게 노출되지 않도록 하는 기법이 더 요구되기 때문에, 이 같은 점을 고려하여 가능한 기술을 단순화하고 공격기술 또한 고의성이 노출되지 않도록 착안했다. 그리고 고대로부터 전해 내려오는 경혈(급소)에 대한 공격기법과 신체의 타격이 극대화될 수 있도록 다양한(치기, 차기, 꺾기, 찌르기, 긋기, 잡기, 조르기, 비틀기, 밀치기, 당기기, 던지기) 기술을 착안하고 다음으로 기술 간 결합해 응용할 수 있도록 연구했으며, 무기술을 새롭게 배우지 않아도 맨손기술을 무기술로 전환할 수 있도록 체계화해 짧은 기간의 수련으로도 많은 기술과 응용력을 극대화할 수 있도록 했다.

이외로도 적의 칼, 검, 곤, 총, 폭발물과 같은 무기 공격수단에 따라 대응할 수 있는 무기술을 포함해 다양한 급조무기술이 실전에서 자유롭게 사용되도록 창안했다. 이 같은 체계는 다양한 무예 수련단계를 줄여주는 효과로 인해 수련자가 배우고 익히기에 쉽도록 하는 효과도 있다. 그리고 적의 기습공격유형과 다수의 집단적 동시공격유형에 대비해 유효적절하게 대응할 수 있도록 방향전환과 위치이동에 자유롭고 빠르게 하기

위하여 불필요한 동작을 줄이고 에너지 소모를 최소화될 수 있도록 전환선법체계를 만들었다. 전환선법은 안정된 평형감각을 익히고 전후좌우를 직선, 사선, 곡선으로 짧고 길게 신축성 있게 움직일 수 있도록 체계화했으며, 이를 통해 신법, 두법, 권법, 수법, 족법, 무법을 자유롭게 공방기술로 구현하도록 했다. 즉, 위해기도 자들의 다양한 공격 유형에 신속 정확하게 대응할 수 있도록 착안했다고 할 수 있다. 수련단계 또한 기본 기술을 배우고 그다음으로 기술 간 연결해 혼용하는 방법을 배우고 마지막으로 수준을 높여 응용하는 방법을 배우도록 해 과학적으로 훈련되도록 하였다. 끝으로 수련자가 경호무술을 배우고 익히는데 어렵지 않도록 용법에 맞는 용어를 알기 쉽게 정리하였다. 이처럼 경호무술은 기술의 체계화와 정형화를 완벽하게 구현해 만든 최고의 무예라고 단언한다.

2. 경호무술 태동과 무예발전

무예는 책으로 전해지고 발전되어 내려왔다

무예는 싸움기술로서 상대를 제압하고 적을 살상하기 위한 기술로 발전해 왔다고 할 수 있다. 문헌 속에 담긴 기록에 의하면 무예는 국가적인 차원에서 관리할 정도로 매우 중요시했던 것으로 보인다. 특히 난세에 무예에 대한 중요성을 재인식하고 무예 책을 국가가 직접 편찬해 왔음을 알 수 있다. 우리 민족 무예문헌으로 발견된 무예제보는 임진왜란 직후인 선조 1598년에 편찬된 것이고, 무예제보번역속집은 12년 후인 1610년 광해군 2년에 편찬된 것으로 보아 임진왜란 직후 무예진흥의 중요성이 강조되면서 수년간 집중적으로 연구한 것을 알 수 있으며, 무예도보통지 편찬시점도 정조 14년 때인 1790년 간행된 것으로 군신 간 대립이 극도로 고조되었던 난세의 시기였다.

이 같은 사례는 가까운 중국도 예외는 아니었던 것으로 보인다. 중국의 대표적인 고대 무예서인 무비지를 편찬한 시기도 명나라의 내우외환으로 시대적 암흑기와 같았다. 무비지를 저술한 모원의는 후금 전권에 저항해 싸웠던 인물이다. 특히 여진족과 후금에 대한 적대감이 컸고 이들과 대립하며 무예진흥정책에 심혈을 기울였던 것으로 보인다.

최근 근대사에서도 이와 유사한 점을 발견할 수 있는데 가까운 일본이 제2차 세계 대전 전후에 유도, 공수도, 합기도와 같은 책을 집중적으로 출간하였으며, 우리나라에서도 6·25사변 전쟁 직후인 1959년 최홍희 현역장군에 의하여 태권도 책이 출간되었던 점 또한 전쟁과 무관하지 않다.

본인이 저술한 경호무술 또한 사회질서가 문란하고 국제환경 또한 새로운 테러리즘에 의하여 개인의 신변위험이 크게 증가하면서 시대적 필요요구에 의하여 태동하는 배경이 되었다고 할 수 있다. 아울러 이런 관점에서 경호무술을 책으로 집대성하여 표준교범을 출간한 것이다.

무예연구는 국가가 주도(살생술 집중 연구)

이처럼 무예는 시대를 초월하여 권력유지와 국력을 유지하기 위한 수단적 가치로 널리 인식되었고 이로 인해 난세, 전쟁, 치안이라는 공통된 위험에 의하여 무예는 그 대안으로 자연스럽게 연구되었다는 사실이다. 아울러 이 같은 시기에 무예기법을 집중적으로 연구하면서 적을 효과적으로 제압하고 살상시킬 수 있는 기법을 연구하기 위하여 무예연구 전담기구들을 두었음을 알 수 있다. 이 같은 단서는 무예도보통지 기록에도 있다. 무예도보통지 편찬을 정조대왕의 명에 의하여 집필했다는 기록으로 봐서 국가가 전담 기구를 두고 주도적으로 연구케 했음을 알 수 있다.

이 같은 기구에 의한 무예연구는 맨손무예부터 창, 칼, 검, 곤과 같은 다양한 무기무예 의 수련법까지 연구하고 더 낳아가 적을 효과적으로 살상할 수 있는 기법 개발을 위하여 살상력 효과를 보다 극대화하기 위하여 오늘날 화력전, 생화학전, 대테러전 등에 대비해 연구하듯이 당시에도 전문 연구기관을 두고 근접 육박격투전이 비중 있게 치러지던 전쟁의 특성상 이를 체계적으로 연구에 몰두했던 것으로 보인다. 특히 오늘날까지도 전해 내려오는 신체급소인 혈을 연구하기도 했던 것으로 보인다. 그리고 이 같은 연구를 위해 전쟁에서 포로로 잡혀온 적장이나 병사들을 대상으로 다양한 공격기법을 적용해 신체반응과 의식반응 호흡반응 등을 집중적으로 연구했을 것으로 추정된다.

그리고 지금까지 전해지고 있는 무예기법에서 사람을 치는 데는 반드시 그 혈로써 하는데, 훈혈(暈血)·아혈(啞血)·사혈(死血)이 있다. 그 혈을 가려서 가볍게 또는 무겁게 치면, 혹 죽기도 하고, 혹은 혼수상태에 빠지기도 하고, 혹은 언어장애인이 되기도 하는데, 털끝만큼도 차이가 없다는 기록이 있는 것으로 보아 신체 실험에 의한 것이 분명한 것으로 보이며, 당시의 연구들이 상당한 경지의 기법들로 연구되어 체계화되었던 것으로 보인다.

그리고 이같이 개발된 기법은 소수 핵심인물을 중심으로 공유되고 일반인들에게는 전승되지 않았던 것으로 보이고, 이 같은 비술은 왕을 호위하는 호위무사들에게 전승되어 오지 않았을까 하는 생각을 해 봤다. 또한 나라마다 이 같은 연구결과물을 비밀에 부치고 비급술로 전해졌으리라는 것이 본인의 연구결과다.

21세기 무예는 다가치에 의하여 발전

오늘날 현대사회에서는 무예가 전쟁뿐 아니라 범죄 및 테러의 증가 원인으로 개인의 호신적 기능으로 그 역할을 하고 있고 이외에도 국민의 체육 증진과 교육 증진에 이바지하고 있다.

최근에는 다양한 무예대회로 인한 스포츠와 오락 등으로 참여하고 즐기는 새로운 문화로 발전되고 있으며, 더 나아가 무예문화적 예술로 점프와 같은 무예공연으로까지 발전하고 있다. 이처럼 21세기 무예는 다가치에 의하여 다양한 영역으로 더욱 발전하리라 예상한다. 이처럼 대중적으로 수련층이 남녀노소로 확대되면서 보고 즐기고 참여하는 문화로서 새로운 무예문화로서 우리 생활 깊숙이 뿌리내리고 있다. 이 같은 변화는 이미 시작되었다고 할 수 있으며, 단순한 문화를 벗어나 이제는 무예산업으로 볼만큼 그 영역이 이미 전문화되어 있고 시장이 팽배해져 있다.

이처럼 무예가 다양한 계층과 사회에 기여하면서 그 기능과 역할이 확대될 것으로 보이며, 앞으로 경호무술이 무예산업을 주도해 나아갈 것으로 본인은 믿어 의심치 않는다. 옛날부터 전해 내려오는 말 중에 무예를 배우지 않는 사람은 자신의 몸을 귀하게 하지 않는 것과 같다는 말이 있다. 무예는 선택이 아닌 필수로서 우리 생활 속에 깊이 스며들고 있으며, 이로 인해 무예는 앞으로도 변함없이 계속 발전해 나아갈 것으로 보인다.

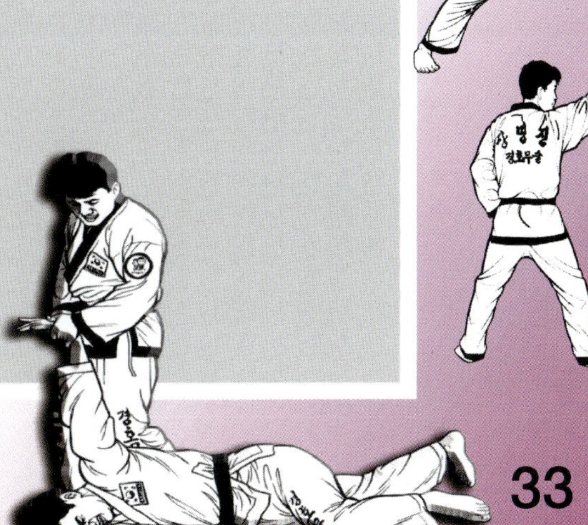

3. 경호무술은 우리 민족의 대표적인 전통무예다

전통무예 복원과 재현

경호무술은 역사적으로 조선시대에 궁중의 군왕과 궁성의 경호를 맡아보던 호위청(扈衛廳)(인조원년 1623년~고종 1894년)의 무예를 현대적 사회 여건과 무기 등 변화된 환경 등을 고려해 경호실무를 기초로 창시자 본인에 의하여 연구개발된 것이며, 전통무예정신을 기초로 체계화하였기 때문에 경호무술은 전통무예의 맥을 계속 발전시킨 것이라 하겠다.

우리나라에서도 많은 무예인이 전통무예를 복원하려고 심혈을 기울여 노력하고 있으나 기술체계에 관한 원형이 거의 남아 있지 않아 복원하기 어려운 상황이다. 따라서 그동안 연구개발된 대부분의 전통무예들은 복원무예라고 하기보다는 재현무예에 가깝다고 할 수 있다. 현재 복원했다고 하는 24반무예를 제외하고 18기, 6기 검법, 본국검, 마상무예 등은 80~90% 이상이 엄밀하게 말하면 유추해 재현한 것으로 복원무예라고 말하기에는 무리가 있다. 그나마 무예도보통지와 같은 실증적인 문헌이 존재하고 있어 재현에 근거가 될 수 있어 다행스러운 일이다.

그러나 그 외 복원무예라고 하는 무예 중 조선세법은 중국 명나라 때 모원의 라는 사람이 <무비지>라는 책에 조선세법(조선에서 배운 검법이라는 뜻)을 소개한 문헌을 근거로 우리의 전통무예를 복원했다고 주장하는 무예도 있다. 국명(國名)으로 사용했던 '조선'이라는 단 두 글자와 도면을 근거해 복원했다고 하는 무예를 과연 복원무예라고 할 수 있을까? 특히 조선세는 무예도보통지 24기 중 1기에 불과하고 무비지 24세 기본자세만으로 복원한다는 것 자체가 불가능하다고 보인다. 그리고 조선세법은 사실상 무예도보통지에 수록된 내용으로 새로울 것이 없다고 생각한다.

고 문헌에서 찾은 1,200년 된 경호무술 발굴

이같이 문헌적인 관점에서 경호무술을 바라본다면 경호무술이야말로 우리 전통무예 중에 가장 역사가 깊고 명확한 전통무예로서 대표할 수 있다고 본다. 물론 무예에 관한 사료가 부족하다 보니 성과가 노력보다 그다지 크지 않았지만 우리 민족 전통무예 경호무술이 있었다고 추정할 만한 문헌을 찾기는 그리 어렵지 않았다. 그러나 안타깝게도 1,300년 전부터 조선 말기까지 호위청에서 비술로 전승되어 오던 경호무술이 일본군에 의하여 단절되었다는 사실을 확인하게 되었다. 다시 말해 문헌을 통해 우리나라도 고유한 경호무술이 있었다는 사실을 알 수 있었다.

그리고 우리나라 경호무술의 역사는 문헌적 근거만으로 본다면. 신라 진덕 5년부터 조선 고종 31년까지 1,200년의 긴 세월 동안 이어온 무예임을 알 수 있다. 왕과 세자 그리고 왕성을 호위하기 위하여 설치되었던 기구들이 우리 역사기록에 고스란히 남아 이를 입증하고 있기 때문이며, 결정적인 단서로는 무예도보통지 저술에 참여했던 백동수 등은 왕의 호위를 담당하던 호위청(장용영)의 호위무사들이었다는 사실이 이를 뒷받침하고 있는 것이다.

고대 신라시대부터 고려시대 조선시대에 이르기까지 왕을 호위하기 위한 전담 기관을 두고 있었음을 문헌을 통해 확인할 수 있었으며. 그 기원과 기관은 신라 진덕 5년(651년)에 설치된 시위부[侍衛府], 고려 명종 9년(1179년)에 설치된 서방[書房], 고종 14년(1227년)에 설치된 도방[都房], 조선 태종 7년(1407년)에 설치된 내금위[內禁衛], 태종 18년(1418년)에 설치된 익위사[翊衛司], 인조(仁祖)원년(1623)에 설치된 호위청(扈衛廳), 정조 1년(1777년)에 설치된 숙위소[宿衛所], 고종 31년(1894) 호위청(扈衛廳) 등이 존재했음을 알 수 있다.

그러나 그 명맥이 하나로 이어졌다고 보기 어렵더라도 인조원년에 설치되어 고종 31년까지 유지되었던 호위청을 기준으로 보더라도 300년의 긴 역사를 유지한 것은 매우 놀라지 않을 수 없다.

일본군에 의하여 사라진 경호무술

조선시대 인조(仁祖)원년(1623)에 군왕과 궁성을 경호하기 위하여 호위4청을 두었고. 이후 현종(顯宗) 때에 호위 3청으로 개편한 후 정조(正祖) 2년(1778)에 호위1청으로 또다시 개편되었다가 고종 31년(1894)에 일본군이 경복궁을 점령하면서 호위청이 강재로 폐지되었다(갑신정변 이후 고종의 갑오개혁에 의한 군제개편으로 호위청이 폐지됨. 신식군대 도입의 일환이라고는 하지만 실상은 일본군 강압에 의하여 고종의 호위친위부대를 해체해 마지막 남은 조선의 왕권을 찬탈한 것이며. 이때 호위무술도 사라지게 됨). 이처럼 호위청에 관한 문헌은 조선왕조실록(인조실록, 정조실록, 고종실록)에 기록되어 전해 내려오고 있으나, 아쉽게도 지금으로서는 호위청에서 수련했던 경호무술원형을 확인할 수 있는 문헌이 발견되지 않았다. 그러나 다행스럽게도 훈련도감이었던 최기남이 편찬한 무예제보 번역속집 권법과 호위무사였던 백동수 등이 편찬한 무예도보통지 권법에 일부 단서가 남아 있어 귀중한 자료가 되고 있다. 그리고 100여 년 전에 일본군에 의하여 호위청이 강제 폐지될 때까지 300년간 이어온 점을 고려할 때 그 역사가 매우 깊은 만큼 매우 뛰어나고 훌륭한 경호무술 기술체계를 유지해 전승됐으리라는 추측이 가능하다.

이같이 고종 31년까지 300여 년간 우리전통무예문화로서 찬란하게 이어져 내려왔을 경호무술에 새 생명을 불어넣어 우리전통무예로서 후대에 훌륭한 문화유산으로 전해지기를 바라는 마음 간절하다. 일본군에 의하여 강제로 사장되어 100여 년간 역사 속에 묻혀 있던 호위무술이 21세기에 찬란하게 경호무술로 부활하기를 기대한다.

4. 무예고서에서 찾은 호위청의 경호무술

무예도보통지는 호위무사가 연구

경호무술연구에 전통적인 맨손무술인 권술, 권법, 공수라고 불리는 무예와 특히 조선 정조대왕 때 발간된 무예도보통지 권법은 본인이 경호무술을 연구하는 데 많은 도움이 되었다. 무예도보통지 편찬에 참여했던 인물 중 백동수 등은 정조대왕을 최측근에서 호위하던 호위청의 호위무사들이었고 이들이 남긴 문헌 속에서 경호무술의 단서를 유추할 수 있었다.

기효신서편에 나오는 권법해를 보면 권법은 수족을 활동시키고, 지체를 단련하니, 이것은 초보자들이 무예에 입문하는 길이다. 그리고 각종 무기술은 권법으로 몸을 움직임에서부터 유례하지 않는 경우가 없으매, 권법이란 것은 무예의 근원이다. 이렇게 기록되어 있다. 본래 무예는 권법, 즉 맨손무예를 제대로 익혀야 곤, 창, 칼, 검과 같은 무기술을 연마하는 데 어려움이 없다고 했다. 권법은 모든 무예수련에 있어서 그 기본이 된다고 강조됐으며, 이 같은 맨손무술은 적의 기습공격에 흔하게 벌어질 수 있는 경호 환경에서는 더욱 중요시된다고 할 수 있다.

오늘날 전통적인 무예를 연구하기 위해서는 고 문헌을 참고해 연구해야 하는데, 대부분 무예 관련 문헌은 조선실록으로 무예에 대한 발언록이 대부분이고 고 군사서에 나오는 유사자료 또한 군 전략 전술과 같은 내용으로 수록되어 무예원형에 대한 연구에는 큰 도움이 되지 못하는 것이 사실이다. 이렇듯 무예를 참고할 만한 고 문헌이 그리 많지 않은 상황에서 조선 광해군 때에 발간된 무예제보번역속집과 조선 정조 때에 발간된 무예도보통지만이 유일한 무예참고서라고 할 수 있다. 물론 역사적으로도 국내 유일본으로 사료적 가치로 볼 때 매우 중요한 가치를 지녔다고 할 수 있다. 그리고 무예서적에 나오는 여러 무예기법 중에서도 특히 권법을 참고해 연구하면서 새로운 사실을 알게 되었고 기술 및 기술체계에 대한 기술정립의도를 유추할 수가 있었다.

무예도보통지가 현재 남아 있는 무예교재로서는 최고 수준의 것만큼은 사실인 것으로 보인다. 그러나 본인이 연구해본 바로는 최고수준의 무예는 아니라는 결론을 얻었다. 물론 오늘날의 무예 수준과 비교한다면 더욱 그렇다고 할 수 있다. 그렇다면 왜 낮은 수준의 권법을 무예도보통지에 기술해 놓았을까? 궁금하지 않을 수 없다.

그동안 다른 무예인들의 연구는 무예도보통지 무예를 복원하려는 데 문헌에 있는 원형기록이 부족하고 도해가 정지된 장면이어서 연결동작을 알 수 없고 해설 내용 또한 예측하기 어렵다 보니 복원에 한계를 느껴 현란하고 화려한 동작 위주로 재현하려고 노력한 흔적들이 많이 나타난다. 이 같은 특징은 검술 등에서 두드러지게 나타나는 것으로 보인다. 그러나 본인은 우선 다른 무예인들과는 달리 무예도보통지 속에 호위적 관점에서 우리의 전통적인 경호무술이 어디에 그 단서가 남아 있지 않을까 하는 생각으로 무예제보번역속집과 무예도보통지에 기술된 권법에 주목하게 되었다.

특히 정조 대왕 어명에 의하여 무예도보통지 저술에 참여한 인물들이 정조를 최측근에서 호위하던 호위무사들로 구성된 점을 들어 당시의 경호무술 단서를 찾을 수

있을 것이란 생각을 하게 되었다. 아울러 달라진 현대적 경호환경에서 필요한 경호기법과 무예의 원리라도 경호무술은 그 기본 원리는 같지 않았을까 하는 호기심도 작용했다. 물론 경호환경이 아니더라도 권법은 변화된 시대적 환경에서도 여전히 맨손무술의 필요성이 강조되기 때문이다. 과거와는 달리 고전적인 칼, 검 무기체계와는 달리 현대화된 다양한 총기류와 폭발물 등으로 새로운 경호기법이 요구되기는 하지만 상대적으로 다른 위협수단 및 수준에 따라 맨손무술이 필요한 환경도 여전히 존재하기 때문이다. 그리고 무예자세와 체계는 물론 교육훈련을 염두에 두고 당시에 설정된 수련체계 및 수준설정은 어떻게 구성했는가 하는 관점에서 접근하려고 노력했다. 교육훈련이란 가르치고 배우는 관계가 설정되고 그 대상의 수준과 훈련의 목표를 설정했으리라는 추정을 했고, 이 같은 문제는 오늘날에도 꼭 필요한 설정이기 때문이다. 무예의 비술이나 비법을 확인하기 위해 연구를 시작했지만 무예문헌을 보면서 교육훈련 체계와 원리 교육훈련의 목표설정 등에 더 관심을 두었다고 할 수 있다.

무예도보통지 권법

무예도보통지를 저술한 이들은 당대 최고의 무예전문가라고 할 수 있는 이덕무(李德懋) 박제가(朴齊家), 백동수(白東修) 등이었다. 다른 군사서적들이 전략·전술 등 이론을 위주로 한 것임에 비해 이 책은 무예동작 하나하나를 그림과 글로 해설한 실전 훈련서라는 특징을 지닌다. 그러나 동 권법에 대한 기술체계에 대한 원형을 모두 이해하기에 매우 어렵다고 할 수 있다. 무예동작 그림에 해설이 붙어 있기는 하지만 동작이 연결되어 있지 않고 해설 또한 대부분 특정자세에 대한 고유 명칭이 존재하고 있는데 정지된 기초자세로서 다른 동작으로 이어지는 자세를 이해할 수 없기 때문이다. 무예도보통지 권법에 등장하는 34개의 자세명칭(탐마세(探馬勢), 요란주세(拗鸞肘勢), 현각허이세(懸脚虛餌勢), 순란주세(順鸞肘勢), 칠성권세(七星拳勢), 고사평세(高四平勢), 도삽세(倒揷勢), 일삽보세(一霎步勢), 요단편세(拗單鞭勢), 복호세(伏虎勢), 하삽세(下揷勢), 당두포세(當頭砲勢), 기고세(旗鼓勢), 중사평세(中四平勢), 도기룡세(倒騎龍勢), 매복세(埋伏勢), 오화전신세(五花纏身勢), 안시측신세(雁翅側身勢), 과호세(跨虎勢), 구유세(丘劉勢), 금나세(擒拿勢), 포가세(抛架勢), 접주세(拈肘勢), 나찰의출문가자변하세(懶札衣出門架子變下勢), 삽보세(霎步勢), 단편세(單鞭勢), 금계독립세(金雞獨立勢), 지당세(指當勢), 개정법(箇丁法), 수두세(獸頭勢), 신권(神拳), 일조편세(一條鞭勢), 작지용하반퇴법(雀地龍下盤腿法) 조양수편신세(朝陽手偏身勢))이 존재하지만 지금으로서는 대부분 명확하게 해석할 수도 없다.

다만 무예제보와 중국의 무비지 및 기호신서에 나오는 도면 그림과 해설을 참조해 유추할 수 있는데 명칭과 자세가 약간씩 변형되어 확신할 수 없다. 다만 특징적인 것은 무비지에서 권법을 소개하기를 권법은 32세로 구성되어 있고 세마다 이어져서 변화가 무궁하여 미묘함이 헤아릴 수 없으니 깊도다. 어느 경지에 오르지 못하면 아무리 궁리해도 알지 못함으로 신(神)이라 부른다고 소개되어 있다. 무예도보통지 권법은 중국의 무비지권법세를 거의 그대로 도입하면서도 무비지 권법과는 달리 병사들 교육훈련에 필요한 표준형을 제시한 것으로 보인다. 그러나 권법이 지금의 태권도처럼 길게 이어진 품세와 달리 간결하게 구성되었고 간결하게 구분된 권법동

작을 다른 권법동작과 연결되도록 구성해 배우고 또 익히기 쉽고 실전에 응용이 쉽게 체계화된 것으로 보인다.

무예제보번역속집 권법편에 보면 자세명칭이 42개 기본자세가 나오지만, 무예도보통지에는 34개의 기본자세만 나온다. 그리고 무예제보 권세총도를 보면 무예도보통지의 간결한 권법과는 달리 지금의 품세처럼 길게 이어진 권법형으로 이루어져 있다. 그리고 중국의 문헌들을 살펴보면 발차기 수련법만 해도 18가지나 되었다고 기록되어 있으나 무예도보통지 권법에서는 발차기를 거의 볼 수가 없다. 역시 현재나 과거나 발차기는 여전히 고난위 기술이었던 것으로 보인다.

권법을 간결하게 구성한 이유

중국 고서 영파부지(寧波府志)에 이르기를, "소림법(少林法)은 사람을 치고 솟구치며 뛰며 분기하여 뛰어넘는 것을 위주로 하는데, 혹 잃어버리고 소홀히 되었다. 때문에 가끔 사람들이 꾀하는 바가 되었다.
송계법(松溪法)은 적을 방어하는 것을 위주로 하며 곤액(困厄)을 당하지 않으면 술법을 발휘하지 않는다. 발휘하면 마땅히 반드시 쓰러뜨리는바 가히 꾀할 틈을 없게 한다. 사람을 치는 데는 반드시 그 혈로써 하는데, 훈혈(暈血)·아혈(啞血)·사혈(死血)이 있다. 그 혈을 가려서 가볍게 또는 무겁게 치면, 혹 죽기도 하고, 혹은 혼수상태에 빠지기도 하고, 혹은 언어장애인이 되기도 하는데, 털끝만큼도 차이가 없다. 더욱이 신비한 것은 경(敬)·긴(緊)·경(徑)·근(勤)·절(切)의 다섯 자 비결은 입실(入室) 제자가 아니면 서로 전수하지 않으니, 대개 이 다섯 자는 일반적으로 쓰지 않고, 그 쓰임을 신비하게 하는 바 오히려 병가의 인(仁)·신(信)·지(智)·용(勇)·엄(嚴)과 같다고 할 것이다."라고 쓰여 있다. 당대 조선최고의 무예전문가라고 할 수 있는 이덕무(李德懋) 박제가(朴齊家) 백동수(白東修) 등이 이를 모를 리 없었다고 본다. 이들은 정조대왕의 어명에 의하여 왕명에 의하여 움직일 수 있는 호위청, 이후 정조대왕의 장용영친위군대를 확대 개편했다.

정조는 자라면서 아버지인 사도세자가 뒤주 속에 갇혀 죽는 광경을 목도해야 했고 이후 자신이 권좌에 오르고도 실권을 장악하고 있던 노론에 의하여 자신이 갖고 있던 정책을 마음대로 펼칠 수도 없었으며, 즉위 이후 연달아 일어난 세 번의 암살기도 등에 의하여 신변위협을 크게 느낀 정조대왕은 자신을 호위하던 호위청, 숙위소, 장용위, 장용영 등으로 새로운 금위체제에 따라 조직, 개편하여 노론의 사병이나 다름없었던 기존 5군영에 대항할 수 있는 왕의 친위부대인 장용영을 확대해 왕권 강화를 시도했다.

당시 호위청은 300여 명 내외로 최소한의 호위무사로 구성된 부대로서 노론이 군대의 전권을 장악한 5군영에 대항하기에는 턱없이 부족할 수밖에 없었다. 그래서 단순히 왕을 호위하는 호위부대를 뛰어넘어 왕권을 강화할 수 있는 군대를 육성해 노론이 장악한 5군영에 대항할 수 있는 친위부대를 목표로 했던 것으로 보인다. 이 같은 임무를 장용영장교 백동수에게 주어졌고, 병사들에게 효율적으로 훈련할 수 있는 수준의 권법을 체계화하는 과정에서 200여 년간 이어져 내려온 호위청의 비술[祕術]인 경호무술이 기초가 되었다고 보인다. 그러나 이들에게 모두 익히게 하는 데에는 여러 어려움이 있었을 것으로 보인다. 특히 중국에서 전해 내려왔다는 경(敬)·긴(緊)·경(徑)·근(勤)·절(切)의 다섯 자 비결은 입실(入室) 제자가 아니면 서로 전수하지 않은 것처럼 이에 버금가는 조선의 호위청의 비술[祕術]은 국가 기밀사항으로 보안 취급되어 일반노출은 꺼렸을 것으로 보이며, 또한 일반병사들에게 호위청의 비술을 가르친다고 해도 고난도의 수련을 위해서는 장시간의 수련기간과 타고난 신체조건 등이 전제되어야 체득 가능한 매우 어려운 고난도 무예였을 것으로 보인다. 아울러 수련과정 또한 누구나 가르친다고 체득하거나 배울 수도 없었을 것이다.

따라서 시간도 많지 않을뿐더러 고난도의 비술을 체득할 만한 타고난 신체조건(운동신경)의 병사들을 확보하기에도 어려움이 컸을 것으로 보이며, 특히 노론의 사병에 맞설 수 있는 정예 병력을 짧은 시간 안에 양성하기 위해서는 습득하기 쉬운 낮은 수준의 기술체계 수련단계로서 실전력 있는 제압기술 위주로 체계화와 정형화에 힘썼을 것으로 추정된다. 이 같은 사실은 그림과 해설용어 등으로 짐작할 수가 있다.

무예도보통지의 권법에서는 명나라 중엽에 소림권법처럼 솟구치며 뛰며 분기하여 뛰어넘는 동작을 찾아볼 수가 없다. 그리고 무예제보번역속집에 나오는 복잡하고 힘든 자세로 이루어진 권법형도 없으며, 중국문헌에 나오는 18가지 발차기도 거의 발견할 수가 없다. 무예도보통지에 기술된 그림과 해설내용을 참고해 볼 때 짧은 시간으로도 습득할 수 있고 타고난 신체기능(운동신경)이 없어도 충분히 체득할 수 있도록 보통의 낮은 수준의 기술체계가 무예도보통지 권법의 특징이라고 할 수 있다. 그림에 등장하는 시현인물을 보면 체격이 우람한 것을 알 수 있다. 그리고 배가 나오고 많은 동작에서 손동작이 대부분으로 구성되어 있다 이것은 중국의 내권기술 중 상대의 급소공격 위주로 권법체계를 갖춘 것으로 보이고 그림에 등장하는 발차기는 족장밀어차기자세로 발차기 중 가장 손쉬운 동작이면서도 가장 유용한 발차기이다. 직선으로 다가오는 적의공격으로부터 허리 몸통 높이로 발을 낮게 들어 올려 뻗어차는 동작으로 방어에 쉬운 발차기이면서 적을 창이나 칼, 검 등의 무기로 찌른 후 무기를 신속하게 뺄 때 사용될 수 있는 가장 효과적인 발차기인 셈이다.

그리고 권법동작이 간결해 일격필살로 적을 단번에 제압하고 이에 실패했을 때에는 다른 권법자세를 이어 혼용해 공격하게 한 점은 매우 실용성이 뛰어난 권법이다. 동 권법은 일반병사들을 교육훈련하기에 적절한 체계로서 그 어떤 무예나 권법보다도 과학적으로 연구된 매우 훌륭한 군 권법이라고 말할 수 있다. 만약 이와 같은 권법이 아닌 소림권법과 같이 현란한 권법체계를 그대로 도입되었거나 오늘날의 태권도처럼 복잡한 품세체계와 고난도의 발차기를 갖추고 있었다면 실용적인 군사무예가 되지 못했을 것으로 보인다. 호위청의 호위무사들만이 수련했을 것으로 보이는 비술[祕術]인 경호무술을 병사들에게 가르치려 했다면. 더더욱 문제가 되었을 것으로 보인다.

호위청 경호무술의 단서?

무예도보통지에 기술된 권법은 호위청의 호위무사들이 아니었다면 일반 병사들이 배우고 가르치고 익히기 쉬운 권법체계를 연구하지 못했을 것으로 생각한다. 이 같은 결과는 당시 200년간 지속하여온 호위청의 비술[祕術]인 경호무술이 전해 내려왔기

때문으로 보인다.

　무예도보통지를 연구해 경호무술에 적용한 부분은 권법동작의 간결성과 혼용성 부분으로 어떻게 보면 잊혀진 경호무술의 단서를 무예도보통지 권법을 단서로 유추해 역해석할 수 있었다고 본다. 호위청에서 수련했을 비술[祕術]인 경호무술이 호위무사였던 백동수 등에 의하여 무예도보통지에 그 단서를 남겼고 본인에 의하여 발견되어 경호무술을 완성하는 데 큰 도움이 되었다고 할 수 있다.

　무예도보통지에 기록된 권법 동작의 간결성과 혼용성을 단서로 맨손동작에 칼, 검, 곤무기의 혼용과 응용으로 경호무술에 적용해 체계화했다. 물론 무예도보통지 권법과는 달리 소림권법처럼 솟구치며 뛰며 분기하여 뛰어넘는 고난도 동작 등도 조선 특유의 독창적인 체계로 호위청의 호위무사들에게 비술[祕術]로 수련되고 전승됐다고 보이며, 이 같은 고난도의 기술도 유추해 적용했다. 무예도보통지 권법체계는 기초기술로서 비술[祕術]의 단서라고 생각한다. 이를 뒷받침할 수 있는 것이 1610년 광해군 2년에 훈련도감 최기남에 의하여 편찬된 무예제보번역속집에 더 확실하게 나타난다. 무예제보번역속집은 중국의 기효신서의 권보50과 새보전서의 송태조 권법32를 보충하여 새롭게 권보 42로 체계화한 것은 조선 특유의 무예로 발전되어 있었음을 알 수 있다. 이 같은 단서로 기술체계를 재현해 변화된 현대적 환경에 맞도록 새롭게 창안하여 이미 없어지고 잊혀진 우리 민족 전통무예를 계승발전시키고 조선시대에 존재해 왔던 호위청의 호위무사들이 익혔을 비술[祕術]을 100여 년이 지난 지금 호위청의 경호무술을 유추 재현해 오늘날의 현대적 창시 경호무술을 완성하게 되었다.

5. 경호무술 창시 20년사

1986 4.   708특공대(경호부대) 군 복무 중 86서울아시안게임과 88서울올림픽게임 경호작전임무
          계기로 창시자장명진선생에 의하여 독자적으로 경호무술연구 시작

1992 2.16 경호무술작명(경호직무수행에 필요한 지식과 기술)교안 완성
         2.16 국제경호협회 설립(고유번호 : 204-82-69117)
         3.21 국제경호아카데미 설립(사업등록번호 : 216-95-04418 현유지)
         5.20 국제경호협회 경호무술 인증기관 지정(지부인증 지정)
         8.20 중랑경찰서 신내파출서 형사 및 경찰 경호, 경호무술 사용자제 요청

1993 4.18 학원설치운영에 관한 법률에 경호교육(경호무술)을 포함하는 개정안 교육부에 건의
        12. 1 교육부 대학행정지원과 경호교육(경호무술교과) 자문 지원
        12. 4 경호실무 연구 보완

1994 4.15 국제경호시스템(경호전문회사-주식회사 탐경 법인전환)설립
         4.20 국제경호협회 중랑지부 설립(지부장 변만균)
         9.29 국제경호협회 서울특별시 사회단체 신고(신고번호 : 제504호)
        10.10 서울지방경찰청 수사과 창시자 연행 대통령경호실법 관명사칭위반
               (제5조 경호시: 경호관을 경호원이라 칭한다)조사
        10.24 경호무술세미나 1회 개최(무술체육관 관장, 사범대상 24명)
        11. 4 출판사 등록(등록번호 : 제18-49호. 국제경호출판사)
        11.15 경호실무(경호무술 교과 포함)출판(등록 : 제18-49호, 저작권등록번호 : 제C-2005-000737호)
        11.17 경호호신법을 경호운전술법,경호사격술법,경호무술로 재 정립
        11.18 실무자 경호무술교수법 연수 개최(국제경호협회본부장, 예비지부장대상)
        11.20 국제경호아카데미 경호원중급, 고급 양성과정 경호무술 인증

1995 2.18 국제경호협회 노원지부 설립(지부장 강영재)
         2.25 1995년 상반기 경호무술지도자 교육수료(12명)
         2.26 국제경호협회 강원본부 설립(본부장 이승일)
         3. 7 무술협회, 체육대학에 경호실무책 400여 권 증정
         4. 1 국제경호협회 마포지부 설립(지부장 장용진)
         4. 4 국제경호협회 충주지부 설립(지부장 이근학)
         4.15 월간신동아 5월호 경호무술 기사게재
         4.29 국제경호협회 동해지부 설립(지부장 김동준)
         5.17 전국치안봉사활동 사업시행(200명 참가)

5.20 국제경호협회 용인지부 설립(지부장 박장기)

6. 1 국제경호협회 장흥지부 설립(지부장 박대순)

7.24 국제경호협회 인천지부 설립(지부장 안창영)

7.29 국제경호협회 강릉지부 설립(지부장 함동천)

9. 2 국제경호협회 횡성지부 설립(지부장 신대선)

9.30 교육부 대학 행정지원과 경호 및 경호무술학과 설립인가 자문지원

10.12 학원폭력예방운동 봉사 참여(학원폭력예방재단)

11. 4 청원경찰 보수교육 강사지원 사업시행(6명)

12. 5 학교폭력퇴치법 경호무술 시범 스포츠서울 7일자 신문기사 게재

1996 1.15 국제경호아카데미 주최 학교폭력추방 호신술대회(4일간)-월드태권도기사게재

2.14 백혈병어린이돕기 헌혈운동 참여(헌혈증서 250장 적십자사 기증)

2.20 국제경호협회 아산지부 설립(지부장 차민철)

3. 4 경호무술세미나 2회 개최(국제경호협회본부장, 지부장대상)

3.20 국제경호협회 구리지부 설립(지부장 김광기)

4.15 국제경호협회 강남본부 설립(본부장 석기영)

4.16 여성경호원 경호무술시범-월간 연합 5월호 기사게재

4.20 학원폭력상담실 사업운영 시행(콜센터 전국 23개 지부 참여)

6.17 주식회사 탐경 법인설립(국제경호시스템을 법인으로 전환 및 사명 변경)

6.24 서울경찰청 경호서비스 제73호 허가 최초

7. 8 국제경호협회 업무표장 등록(출원번호 제94-000055호)

7.22 국제경호협회 부산남구지부 설립(지부장 김창남)

8. 9 경호무술세미나(8.9~8.17 일본 고송쏜타빌)무술신문 26일자 보도게재

9. 4 학원폭력 예방을 위한 경호무술지도(한국학원폭력예방운동재단)

9. 6 국제경호협회 전주지부 설립(지부장 봉필환)

9.15 경찰청 경호무술 지도(경찰청 직원, 청원경찰 등)

9.15 쌍용그룹 경호원 경호무술지도(마포구 쌍용연수원)

9.23 국제경호협회 인터넷 홈페이지 경호무술교실 개설(동 산업계 최초 ibga,co,kr)

10. 2 한국 특급호텔 안전관리실장협의회 교류 협정(12개 호텔)

11. 5 경호실무(경호무술) 개정 출판(등록 : 제10-1307호)

11.23 국제경호협회 강북본부 설립(본부장 손상철)

12.10 대학교 및 무술협회, 정부관계기관에 경호실무책 400여 권 기증

1997 1.15 국제경호협회 서비스표등록(출원번호 제94-008342호)

3. 6 충청대학교, 서일대학교육원, 한서대학교 교육원(경호학과) 등 경호무술 인증기관
     지정

4.23 KBS아카데미 경호원 양성과정 경호무술 인증기관 지정

6.20 경호원교육훈련 경호무술시범-범죄예방신문 기사게재

7. 1 국제경호아카데미 경호원 초급(3급) 양성과정 경호무술 인증

8.20 서울지방경찰청 수사과 창시자연행 대통령경호실법 위반 종로경찰서 수감 무혐의처리
(위반 내용 관명사칭 죄 대통령경호실법 제5조 경호사 경호관을 경호원이라 칭한다.)

9.18 중화인민공화국 연길시공안국 보안전문대학 교육훈련 교류협정

11.14 경호학과 및 체육학과 경호실무책 500여 권 기증

1998 3. 1 비영리 경호무술단체발족(가칭 장명진경호무술)

3.13 경호무술아카데미(현, 장명진경호무술지도자연수원) 개설

4. 1 국제경호협회 경호자격제도(경호원, 경호사) 교과 및 자격검정시 경호무술을 전공무술 규정

4. 7 매일경제 Hello Job 취업정보 및 교육훈련 교류협정

6.26 자격증박람회 참가(테크노마트)

9.18 사단법인 한국직능단체총연합회 가입(직능경제인지원에관한법률 법정법인 경제단체)

10.18 경호무술-주간조선 11.5 일자 주간지 기사게재

11.20 대한민국인명록 장명진 창시자 등재(경호무술 창시자 소개-각종 포털사이트 인물검색 제공)

12.15 경호학과 및 체육학과, 무술협회, 경찰, 교도대, 군부대 경호실무책 400여 권 기증

1999 3.20 경호실무(경호무술) 개정 출판(등록 : 제10-1307호)

7.16 종근당 경호원 위탁 경호무술지도(국제경호아카데미)

7.20 경호무술 자격평가제도 신설

7.20 경호무술 승단규정제도 신설

8. 4 아르헨티나 국제시큐리티 세계본부 교류협력 협정

9. 7 국제직업기술교육박람회 참가(무역센터)

12. 3 (주)탐경 경비업법에의거 경비원신임교육위탁기관지정 경호무술교과 인증지정

2000 3. 2 경호무술단증 발급 시작(자격평가제도 실시)

4. 6 장명진창시자 청와대 초청 방문(김대중 대통령 접견)

5.10 경호무술지도자 자격 발급시작(자격평가제도 실시)

7.12 선문대학교 국제경호무도학부 학생 경호무술 위탁교육실시(장명진경호무술원)

10.01 국제경호협회 경호직무전공학과 대상 인증교육기관지정제도 시행을 위한 경호무술 교과 승인협약
(2009년 현재 전국 41개 대학 경호직무전공학과에 경호무술 전공교과 인정 승인-승단&지도자자격)

12. 3 경찰, 군부대, 경호학과 등 경호실무책 500권 기증

2001 1. 9 경호원 경호무술 시범단 시범-유행통신 2001. 2월호 보도게재

4. 3 전국 30개 대학(교)(경호학과)에 경호실무 책 100권 기증

　5.17　전국 6개 대학교 사회교육원(경호학과)경호실무 책 20권 기증

　6.20　경호실무(경호무술) 개정 출판(ISBN : 89-8337-096-3)

　7.14　선문대학교 국제경호무도학부 경호무술교과 채택(국제경호협회 인증교육기관 지정)

　7.14　경북전문대학 경찰경호행정과 경호무술교과 채택(국제경호협회 인증교육기관 지정)

　9.14　서남대학교 경호학과 경호무술교과 채택(국제경호협회 인증교육기관 지정)

　9.20　경북외국어테크노대학 경호레포츠계열 경호무술교과 채택(국제경호협회 인증교육기관 지정)

10.06　인터넷 사이버강의 경호무술 유료 교육서비스 제공(ibga.co.kr)

10.23　서라벌대학 경호레프츠과 경호무술교과 채택(국제경호협회 인증교육기관 지정)

10.23　대구미래대학 경찰행정과 경호무술교과 채택(국제경호협회 인증교육기관 지정)

10.23　대구과학대학 경호과 경호무술교과 채택(국제경호협회 인증교육기관 지정)

10.26　부산정보대학 안전관리과 경호무술교과 채택(국제경호협회 인증교육기관 지정)

12.11　서해대학 경찰경호행정과 경호무술교과 채택(국제경호협회 인증교육기관 지정)

2002　1. 2　경호원이 수련하는 경호무술 시범 – 에꼴 월간지 1월호 기사게재

　2. 1　초당대학교 경호비서학과 경호무술교과 채택(국제경호협회 인증교육기관 지정)

　3.18　경북과학대학 경호경비경영학 경호무술교과 채택(국제경호협회 인증교육기관 지정)

　4. 3　서해대학 경호무술 유단자 특례입학 산학협약 체결(본 사무국)

　4. 6　2002한일월드컵 코리아서포터즈 공식후원단체 지정

　4.15　국가정보원 직원 대상으로 경호무술 시범(경호무술원)

　5.16　진주대학 사회체육경호안전과 경호무술교과 채택(국제경호협회 인증교육기관 지정)

　6.26　성덕대학 경찰경호행정과 경호무술교과 채택(국제경호협회 인증교육기관 지정)

　7.12　국제경호협회 정기학술세미나 참가 (서울리베라호텔 제우스홀)

　7.12　제1회 경호무술세미나(리베라호텔) 개최(전국 경호, 경찰전공 교수 및 무예원로)

　7.23　경동정보대학 경호과 경호무술 채택(국제경호협회 인증교육기관 지정)

　8.23　영동대학교 경찰경호무도학과 경호무술 채택(국제경호협회 인증교육기관 지정)

　8.31　제주관광대학 산학협약 체결(본 사무국)

　9. 6　한세대학교 경찰행정학과 경호무술 채택(국제경호협회 인증교육기관 지정)

　9. 6　제주관광대학 관광스포츠계열 경호무술 채택(국제경호협회 인증교육기관 지정)

10. 1　제5회 충주세계무술축제 경호무술 홍보 참가

10.10　아시아나항공 경호무술 책 기증

10.16　장명진경호무술 인터넷 홈페이지 회원 온라인 경호무술교실 개설

11.18　혜천대학 산학협약 체결(본 사무국)

11.28　혜천대학 경찰경호과 경호무술 채택(국제경호협회 인증교육기관 지정)

12.31　경호무술창시자 장명진회장님 공적 대통령표창 수상

2003　1. 7　대구미래대학 경찰행정과 경호무술 채택(국제경호협회 인증교육기관 지정)

2.15 경호실무(경호무술개정) 개정 출판(ISBN : 89-8337-096-3)

3. 7 관악구청 청소년대상 경호무술세미나 개최

4.30 동강대학 법률경찰경호계열 경호무술 채택(국제경호협회 인증교육기관 지정)

5. 3 경호무술세미나 개최(무술지도자 8명)

     6.25 6·25전쟁기념식 용산전쟁기념관 경호무술 시범

7.14 SBS위기탈출 수호천사 경호무술편 특별출연 방영(시범단 시범 및 지도)

8. 5 경호무술창시자 경호무술시범-세계일보 기사게재

8.10 경호무술 단행본 출판(ISBN : 89-954410-0-3, 저작권등록번호 : 제IC-2005-000737-2호)

8.12 경호학과, 체육학과, 경찰, 경호경비회사 경호무술책, 경호실무책 400권 기증

8.30 제2회 국제경호협회 정기학술세미나(학술진흥재단 학술기관코드 : 8B2497) 경호무술 주제발
     표(서울리베라호텔 15층 피어니스홀)

9.11 ITV 충전100 건강을 잡아라! 경호무술 편 특별출연 방영(시범단 시범 및 지도)

9.18 부산방송국 직업의 세계 특별출연 경호무술 소개

9.21 경문대학 경호무술 인증기관 지정(단증 발급)

9.22 상반기, 하반기 2회 경호무술세미나 개최(무술관장 및 경호학과 교수대상)

9.24 삼성그룹 경호팀 경호무술 교육 (용인 금호연수원 1주일 집체교육 200명)

10. 1 취업교육 및 자격증 정보박람회 참가(코엑스)

10. 6 한·미 친선 사절단 미국 파견(한미동맹 50주년 참가)

10. 6 국립민속박물관 전통무예현황조사 경호무술 장명진 창시자 등재

10.11 통합 웹데이터베이스 NHN 업무협정(포털전문자료 경호무술공개제공)

11. 3 성화대학 비서경호과 경호무술 채택(국제경호협회 인증교육기관 지정)

12.30 대경대학 경찰행정부 경호무술 채택(국제경호협회 인증교육기관 지정)

2004 2. 7 경호실무(경호무술) 개정 출판(ISBN : 89-85272-95-0)

5.20 군장대학 경찰경호과 경호무술 채택(국제경호협회 인증교육기관 지정)

5.27 동의공업대학 경찰경호과 경호무술 채택(국제경호협회 인증교육기관 지정)

6.25 전북과학대학 경찰경호행정과 경호무술 채택(국제경호협회 인증교육기관 지정)

8.14 경호자격규정집(경호무술검정) 출판(ISBN : 89-954410-2-X, 저작권등록번호 : 제IC-2005-000739호)

8.25 진주국제대학교 경찰복지행정학부 경호무술 채택(국제경호협회 인증교육기관 지정)

8.28 제3회 국제경호협회 정기학술세미나(학술기관코드 : 8B2497) 경호무술 2편 주제발표
     (프리마호텔 2층 에메랄드홀)

8.23 진주국제대학교 산학협약 체결

10. 1 제7회 충주세계무술축제 경호무술홍보 참가

10. 5 경호무술 2004 개정판(1704p) 출판(ISBN : 89-954410-1-1, 저작권등록번호 : 제IC-2005-000738-2호)

10. 5 청주전국체전 경호무술홍보 참가

10.27 대전엑스포 세계태권도대회 경호무술홍보 참가

11. 5 전통무예세미나 '한국무예의 역사성과 인접학문' 참가(국립민속박물관 대강당)

11.24 전국대학교 대학도서관, 경호관련학과 및 교수 경호무술책 800여 권 증정

12. 6 육군 특수전사령부 경호무술책 증정(교육실장) 및 경호무술 채택 협의

12.17 경북과학대학 산학협약 체결

2005 1. 3 동부산대학 경호과 경호무술 채택(국제경호협회 인증교육기관 지정)

1.13 대통령경호실 경호무술 책 증정

2.11 KBS 세상의 아침 경호무술 시범단 시범 방영

2.17 두산동아백과사전 경호무술창시자 장명진, 정의, 기원, 어원등재

4.19 경동대학교 경호경찰학부 경호무술 채택(국제경호협회 인증교육기관 지정)

4.25 MBC 네 꿈을 펼쳐라 경호원양성과정 경호무술 교육훈련 지도 및 방영(5회 5주)

4.25 경호원자격검정 문제집(경호무술출제) 출판(ISBN : 89-954410-4-6, 저작권등록번호 : 제IC-2006-003544호)

8.15 경호직무능력표준(경호무술표준안) 출판(ISBN : 89-954410-6-2, 저작권등록번호 : 제IC-2006-003543호)

8.27 제4회 국제경호협회 정기학술세미나(리베라호텔 15층 피어니스홀) 경호무술주제발표

9.20 창신대학 경찰행정과 경호무술 채택(국제경호협회 인증교육기관 지정)

9.30 신성대학 경호무술전공 경호무술 채택(국제경호협회 인증교육기관 지정)

10. 1 제8회 충주세계무술축제 홍보 참가

10. 7 MBC 내 친구들의 세상 제402회 경호무술편 방영(경호무술 어린이 시범단 시범)

10.25 경일대학교 경찰경호학부 경호무술 채택(국제경호협회 인증교육기관 지정)

11.21 전국 도서관 및 청소년 문화시설 경호무술 책 500여 권 증정

11.24 EBS 직업탐구(경호원)자문 및 자료제공

11.27 KBS추적60분 자료제공 및 인터뷰

12. 1 대구산업정보대학 경찰행정과 경호무술 채택(국제경호협회 인증교육기관 지정)

12. 3 전국 경찰행정학생연합회 무술대회 후원

12. 3 국무총리실 국가재난관리본부 창시자 장명진회장님 자문위원 위촉

12. 7 대구산업정보대학 산학협약 체결

2006 2. 1 파스칼세계대백과사전 경호무술 및 창시자 장명진, 정의, 기원, 어원 등재

3.13 초당대학교 창시자 초청 경호무술 강의

4. 1 서강전문학교 경찰경호과 경호무술교과 채택(국제경호협회 인증교육기관 지정)

4.12 브리태니커백과사전 창시자 저술 경호무술 인용 경호무술 등재

4.27 우석대학교 경찰행정학과 경호무술 채택(국제경호협회 인증교육기관 지정)

5.17 대구미래대학 경호무술 교육

5.26 안동과학대학 경호경찰과 경호무술 채택(국제경호협회 인증교육기관 지정)

6. 2 (주)내일신문-대학내일 직업연구(경호원) 기사자료자문 및 자료 제공

7.13 전문직업탐구/소개(경호원)-수원지역 청소년문화의집

8.19 제5회 국제경호협회 정기학술세미나 (프리마호텔 10층 스카이홀)

8. 9 전문직업탐구/소개(경호원)-안성지역 고등학교

9. 1 서라벌대학 경찰복지행정과 경호무술교과 채택(국제경호협회 인증교육기관 지정)

11. 1 경호무술창시자 언론사 소개 및 시범-동아일보 월간신동아 기사게재

11. 2 대학특강-경호산업의 전망과 비젼특강/초당대학교

11. 7 국제방송 아리랑TV 경호원 직업소개 자문 및 자료제공, 인터뷰 협조
　　　　-한국고용직업분류 경호원 조사 원고 제공(한국산업인력공단)
　　　　-한국고용직업분류 경호원(분류코드 : 4440-2)재정 전문 등재
　　　　-한국표준직업분류 경호원 분류코드 포함하여 개정

11.13 문경대학 경찰경호무도과 경호무술 채택(국제경호협회 인증교육기관 지정)

11.24 한국고용정보원 경호원 조사(직업사전, 전망) 원고 제공(등재)

2007 1. 1 주요포털사이트제공(다음백과, 네이버백과, 야후백과, 엠파스백과, 네이트백과,
　　　　　　파란백과, 싸이월드백과 등) 백과사전에 경호무술 및 창시자 장명진 선생, 정의,
　　　　　　기원, 어원, 특징 등재

2. 6 국군기무사령부 868분견대 경호무술 책 기증 및 지도

2.12 국군정보사령부 경호무술 책 180권 기증 및 지도

2.27 경호무술창시자 장명진회장님 경호무술 공적 국무총리표창 수상

3.22 경호전문가(경호원)직무체계 시안 개발 참여

10.10 제10회 충주세계무술축제 홍보 참가

11.23 노동부 직업정보-직업탐색(워크넷) 경호원인터뷰 원고제공

11.27 국방부지원(국방취업센타)직무체계 시안 개발-공통능력 자격제도 4개 종목 개발

12. 2 경호자격규정집 연구출판 신설자격제도(23종) 경호무술 교과 및 검정체계 개발 참여

2008 1.14 무술협회 경호무술 책 300권 기증

3.12 한국고용정보원 직업전망 경호원 조사사업 원고 제공

4.28 위키 백과사전 경호무술 및 창시자 장명진, 정의, 기원, 어원, 특징 등재

5.13 육군수도방위사령부 경호무술시범 참관 교류-프라임경제 2008.5.13 보도

5.28 위키인물백과사전 장명진 창시자 소개(경호무술창시자소개-각종 포털사이트 인물백과 제공)

6.14 국무총리실 경호팀 경호무술 책 기증

6.23 현대그룹 경호팀 경호무술 교육(현대화재 본사 11층 대강당, 50명)

7.10 한국무예포럼 가입

7.21 위키 낱말사전 경호무술 낱말(정의, 어원), 로마자, 예일, 라이샤워 표기 등재

7.28 국제경호협회 자격기본법에의거 경호자격제도 국무총리실 산하 직업능력개발원 공식 등
　　　　록(경호무술 검정체계)

8. 4 제1회 한국무예포럼 토론 참여(경호무술 책 50권 무료증정) 국회 헌정회관

8.11 사단법인 한국경호무술진흥회로 명칭 변경 및 비영리사단법인으로 전환

8.11 서울특별시 사단법인 설립허가(허가번호 : 제200812호)

8.20 이시종국회의원 주최 무예올림픽추진세미나 참여(국회의원회관-경호무술책 100권 무료증정)

8.29 무인 및 학계전문가 경호무술 책 500여 권 무료증정

9. 4 제2회 한국무예포럼 토론참가(경호무술책 50권 무료증정) 송파구민 회관

9.20 진흥회 경호무술창시자에게 있는 경호무술 권리를 공식적으로 위임받음(약정계약서-등부 제1546호)

10. 2 제11회 충주세계무술축제 경호무술 홍보참가(충주시)

10. 4 2008 충주세계무술축제 학술세미나 참가(경호무술책 50권 증정) 충주시청 대강당

10.25 제3회 한국무예포럼 창시자 경호무술주제발표(경호무술책 50권 증정) 송파구민회관

11. 2 2008전국경호무술세미나 4회 개최(전국지원장, 무술지도자 대상)

11.11 브라질 해외대표부 승인(브라질 대표부장 NUNES LUIZ CEZAR)

11.11 아르헨티나 해외대표부 승인(아르헨티나 대표부장 TAJES FRANCISCO OSCAR)

　　　아르헨티나 북부지부 승인(북부지부장 HEEINZ JORGE ANIBAL)

11.13 러시아국영방송국 경호무술창시자 다큐멘터리제작 취재협조(러시아 전역에 방영)

11.16 문화체육관광부 초청 간담회참가 무예진흥법 시행안 토의(문광부 소회의실)

11.27 국방부초청 간담회 참가(경호무술지도자 양성 및 경호무술원 창업) 전쟁기념관

11.28 문화체육관광부 초청 간담회참가 무예진흥법 시행안 토의(문광부 대회의실)

12. 1 소년소녀 가장 경호무술무료교육 캠페인(전국지원 참여)

12. 1 영남이공대학 경찰경호행정과 경호무술 채택(국제경호협회 인증교육기관 지정)

12. 2 2008년 전국경호무술세미나 개최 중랑우체국 대강당(40명)

12. 4 전국 93개 인증교육기관 및 해외 2개국 국내 및 국제조직화 확대

12.18 초당대학교 산학협약 체결(진흥회 사무국)

12.30 공익성 지정기부금단체(기획재정부공고 제2008-157호)지정-(한국경호무술진흥회)

2009 1. 3 2009년 상반기 경호무술지도자 과정 연수교육실시(2009.1.3~2009.5.30)

　　　2.15 SBS 좋은아침플러스원 방송프로 경호무술 편 창시자 및 시범단 시범 방영

　　　3.20 MBC 스포츠매거진 스포츠팡팡 경호무술 편 창시자 지도 및 시범단 시범 방영

　　　4.29 국방부 전역(예정)간부 취업박람회(서울컨벤션) 참가 경호무술창업소개

　　　5. 4 2009년 국방부주최 취업박람회(서울컨벤션) 참가 경호무술창업소개

　　　5.23 2009년 상반기 경호무술지도자 과정 연수교육 수료(18명)

　　　6.15 태권도진흥재단 경호무술자료 태권도공원 전시용 기증(31종 110개)

　　　7. 1 전통무예원류적통자 모임 결성(진흥회 사무소)

　　　7. 3 육군57기동대대 창시자 초청 경호무술 강의(시범 및 지도)

　　　7. 5 인천광역시 청소년직업체험센터 경호무술 강의(시범 및 지도)

　　　7.18 2009년 하반기 경호무술지도자 과정 연수교육 실시(2009.7.18~2009.12.5)

　　　8. 1 전통무예단체조직정비방안 세미나 참가(토론 및 경호무술책 50권 무료증정)

8. 3 육군57보병사단 사단장으로 부터 감사패

8. 6 경호무술자격제도 자격기본법에 의거 국무총리실 산하 직업능력개발원 등록 제2009-0171호
(자격등록내용 : 경호무술 승단 자격 1단~9단 / 경호무술지도자 자격 1급, 2급, 3급)

8.28 이시종 국회의원 초청 전통무예원류적통자 간담회(외백)

10.20 전통무예원류적통자 정부현황조사팀 초청 간담회 참가(서울대학교)

11.10 우정사업본부 사보 경호무술 기사 게재(전국 15,000지점 배부)

11.11 네이버(naver.com) 경호무술 키워드 바로가기 한국경호무술진흥회 등록

11.21 전통무예단체조직정비방안 공청회 참가(슈페이러 본회의실)

11.25 네이트(nate.com) 경호무술 키워드 바로가기 한국경호무술진흥회 등록

11.27 2009 하반기 경호무술지도자 자격검정 시험시행

11.30 정부수탁연구용역(무예단체실태조사) 공청회 참가(올림픽파크텔)

12. 2 국방부 초청 간담회 참석(전쟁기념관)

12. 5 2009 하반기 경호무술지도자 과정 연수교육 수료(7명)

12. 7 전통무예원류적통자 국회 전통무예진흥법 개정안 제안서 제출

12.11 노동부 고용지원센터 경호무술 기사 소개

2010 1. 5 세계일보 최선의 방어가 최선의 공격 "경호무술" 기사 전면게재

2. 6 경호무술지도자 보수교육실시(중앙연수원)

2. 9 문화체육관광부 전통무예진흥법 기본계획 수립안 건의

3. 3 전통무예원류적통자 정부 전통무예진흥 기본계획 수립 현황과제 자문토의
(정부담당, 정부용역 연구진-체육과학연구원)

3. 6 경호무술지도자 보수교육실시(중앙연수원)

3. 8 전통무예진흥법 일부개정법률(안) 제출건의(전통무예원류적통자 지정 및 지원)

4. 3 지도자 보수교육실시(중앙연수원)

4.21 전통무예원류적통자 국회 문화체육관광방송통신위원회 고흥길위원장 면담

4.23 경호무술 시범공연(인터컨티넨털호텔 그랜드홀)

4.28 국방부 전역간부 취업박람회 참가(서울무역센터)

5 1 지도자 보수교육실시(중앙연수원)

5. 7 경호직무능력표준 시안 연구개발 경호무술 및 경호무술지도자 표준체계 개발 참여

6. 5 경호무술지도자 보수교육실시(중앙연수원)

6.28 국무총리실, 지식재산기본법 공청회 참가 대정부제안(사학연금회관)

7. 3 경호무술지도자 보수교육실시(중앙연수원)

7.18 경호무술지도자 직업체험 개최(중앙연수원)

8. 7 경호무술지도자 보수교육실시(중앙연수원)

9. 4 경호무술지도자 보수교육실시(중앙연수원)

9. 7 전통무예원류적통자 명칭 위키 백과사전 등재

9.14 국회 문화체육관광방송통신위원회 정병국위원장 외 소속의원 12명 개정법안(전통 무예원류적통자 지정제도 신설) 제정요청 방문

10. 2 경호무술지도자 보수교육실시(중앙연수원)

10. 4 한국산업교육원 경호무술 강의지원

10.12 전통무예원류적통자 무진법 기본계획 건의안 문화체육관광부 방문 제출

10.24 한국체육과학원 방문 무진법 담당 연구원 성문정박사 전통무예원류적통자 정책 건의사항 전달

10.24 서울 송곡정보산업고등학교 대강당 20명 경호무술시범공연

10.29 국회 방문 한나라당 문화예술특위 정두언위원장 김수철 특보 무진법 전통무예원 류적통자 지정 제 신설 개정법률안 국회통과 협조요청

11. 1 부산광역시 기장지회 승인(지회장 장웅진)

11. 6 경호무술지도자 보수교육실시(중앙연수원)

11.24 교육부, 고용노동부가 주최하고 고용정보원이 주관하는 취업진로박람회 참가 및 경호무술시범공연(3일간)

12. 4 경호무술지도자 보수교육실시(중앙연수원)

12. 29 문화체육관광부 주최 전통무예진흥법 기본계획수립 토론회 참가(올림픽파크텔)

2011 1. 8 경호무술세미나 개최(전국지원장 대상 무진법 기본계획 설명회)

 1. 8 경호무술지도자 보수교육실시(중앙연수원)

 1.12 MBC 표준 FM(95.9MHz) "아이러브스포츠" 경호무술 소개

 1.15 경호실무 1권~3권(1167page) 출판(개정7권)-한국학술정보(주)

 2.12 경호무술지도자 보수교육실시(중앙연수원)

 3. 5 경호무술지도자 보수교육실시(중앙연수원)

 3.11 전통무예원류적통자 무진법개정안(전통무예원류적통자 지정제 신설) 국회통화 요청서 전달(국회문화체육관광방송통신위원회 간사 김재윤 의원, 위원 전성호 의원)

 3.23 전통무예원류적통자 무진법 정부담당 실무자 미팅(정책건의서 전달-문화체육관 광부 체육진흥과)

 4. 2 경호무술지도자 보수교육실시(중앙연수원)

 4.13 국방부 2011 전역(예정)간부 취업박람회 참가(서울무역센터)

 7.15 경호무술 1권~9권 출판(개정7권)-한국학술정보(주)

6. 창시자 연구 활동

저술

1986 4.16 경호무술, 경호실무 연구시작

1992 2.16 경호무술, 경호실무 교안 완성

1994 11.17 경호실무(경호학)저술(국제경호아카데미출판사, 328page)

1996 11. 5 경호실무 저술 개정2권(법연출판사, 493page)

1999 3.20 경호실무 저술 개정3권(법연출판사, 537page)

2001 2.20 경호실무 저술 개정4권(법연출판사, 625page)

2003 2.15 경호실무 저술 개정5권(법연출판사, 741page)

2003 9.13 경호무술(단행본)저술(국제경호아카데미출판사, 505page)

2004 2. 7 경호실무 저술 개정6권(청호출판사, 749page)

2004 8.18 경호자격제도규정집 저술(국제경호아카데미출판사, 273page)

2004 10. 5 경호무술 저술 개정2권(국제경호아카데미출판사, 1704page)

2005 4.25 경호원자격검정 문제집 저술(국제경호아카데미출판사, 180page)

2005 8.26 경호직무능력표준 저술(국제경호아카데미출판사, 483page)

2011 1.15 경호실무 저술 개정7권(한국학술정보(주), 1권~3권, 1167page)

2011 7.15 경호무술 저술 개정3권(한국학술정보(주), 1권~9권, 2800page)

연구논문

1996 경호산업에 대한 실태 조사-동국대학교 행정대학원

1997 경호산업의 문제분석과 육성책-한국안전교육학회

2001 경비업법에 포함하는 민간경호원 자격증 도입활용 방안연구-국제경호협회학회

2003 경호직무분야의 전문화를 위한 자격제도와 그 방안에 따른 국제경호협회 경호 자격제
     도의 분석 및 국가공인 도입의 필요성-국제경호협회학회

2003 치안환경에서 요구되는 격기무술과 현대적 무술발달 과정의 생활 경호무술연구-국제
     경호협회학회

2004 경호자격 국가공인 및 관련내용에 대한 정부지원 국제경호협회 중심으로 연구-국제경
     호협회학회

2005 경호직무능력표준에 관한연구 및 활용방안-국제경호협회학회

2006 경호산업을 위한 정부지원정책 및 효과연구 경호자격제도를 중심으로-국제경호협회
     학회

2008 경호무술 전통무예진흥법에 의한 지정-한국무예포럼

2008 경호무술세미나집-한국경호무술진흥회

51

7. 창시자 설립단체 및 과정

1992 2.16 국제경호협회 설립

(경호원들의 친목 및 권익을 위한)

1992 3.21 국제경호아카데미 설립

(경호무술교육서비스, 경호교육서비스, 경호서비스를 위한)

1994 4.15 국제경호시스템 신설

(경호서비스만을 전문으로 하기 위하여 국제경호아카데미로부터 분사)

1996 6.27 주식회사 탐경

(국제경호시스템을 상호변경 및 법인전환-신변보호법률 제정에 의한 허가제도
시행에 따라)

1998 3. 1 장명진경호무술 신설

(비영리단체설립-자격검증 및 인증제도 시행을 위한)

1998 3.13 장명진경호무술원 신설

(국제경호아카데미 상표신설-경호무술프랜차이즈사업 시행을 준비)

2002 9.   시큐리티잡114 설립

(주식회사 탐경에서 온라인 사업부 분사)

2008 8. 11 사단법인 한국경호무술진흥회 설립

(장명진경호무술을 명칭변경과 법인전환-대외 위상 제고)

8. 창시자 유관기관 활동

1996	사단법인한국경비협회 신변보호분과	운영위원
1996	한서대학교 사회교육원 비서경호학과	강사(경호무술/경호실무)
1996	사단법인한국경호경비학회	운영위원
1996	중국연길시 공안국 보안전문대학	명예교수
1996	한국시큐리티산업경영학회	운영위원
1997	KBS아카데미	강사(경호무술/경호실무)
1997	서일대학교 사회교육원 경호학과	강사(경호무술/경호실무)
1997	사단법인한국경비학회	부회장
1997	사단법인철인3종경기본부	이사
1998	사단법인한국직능단체총연합회	상임부회장
1998	월간보디가드	편집위원
1999	한국안전교육학회	이사
1999	선문대학교 무도학과	외래교수(경호무술/경호실무)
1999	충청대학 태권도학과	강사(경호무술/경호실무)
2000	고려대학교 사범대학원(석사과정)	강사(경호무술)
2000	대구미래대학 경찰행정과	강사(경호무술/경호실무)
2001	제10기 민주평화통일자문위원회	자문위원
2002	UN평화지도자연합회	이사
2003	국립경찰대학 수사보안연수소	외래강사(경호무술/경호전략)
2008	경찰청수사연수원	강사(경호무술)
2004	한국협상학회	회원
2005	국무총리실 국가재난관리본부	자문위원
2006	초당대학교 경호비서학과	겸임교수(경호무술/경호실무)
2008	한국무예포럼	회원
2009	전통무예원류적통자모임	간사
2009	한국표준협회	자문위원
2010	한국산업교육원	강사

9. 경호무술과 창시자 백과사전 등재문

2005   2.17 두산대백과사전(엔사이버) 창시자와 경호무술 사전 등재

2005   4. 2 네이버 백과사전 창시자와 경호무술 사전 등재

2006   2. 1 파스칼 세계대백과사전 창시자와 경호무술 사전 등재

2006   2.12 야후 백과사전 창시자와 경호무술 사전 등재

2006   3. 3 파란 백과사전 창시자와 경호무술 사전 등재

2006   4.12 브리태니커 백과사전 경호무술 사전 등재(창시자 저술 경호무술책전문 인용)

2006   5. 6 다음 백과사전 창시자와 경호무술 사전 등재

2008   4.28 위키 백과사전 창시자와 경호무술 사전 등재

2008   5. 3 네이트 백과사전 창시자와 경호무술 사전 등재

2008   5.28 위키 인물백과사전 창시자 사전 등재

2008   7.21 위키 백과사전 낱말사전 경호무술 등재

2009   11.11 네이버, 네이트에서 한국경호무술진흥회 키워드 바로가기 등재

2010   9. 7 위키 백과사전 전통무예원류적통자명칭 사전 등재

10. 창시자 인터넷 홈페이지 구축

1996   6. 7 국제경호아카데미(홈페이지 http://www.ibga.co.kr)

1998   2.10 주식회사 탐경(홈페이지 http://www.tamkyung.co.kr)

2002   7.10 장명진경호무술원(홈페이지 http://www.jmjmoosul.co.kr)

2002 10. 1 시큐리티잡114(홈페이지 htpp://www.securityjob114.co.kr)

2008   8.30 사단법인 한국경호무술진흥회로 변경(홈페이지 http://www.jmjmoosul.co.kr)

※ 개설된 홈페이지 현 운영 중

호위권무형법

Ⅰ 호위권무형법 체계(體系)

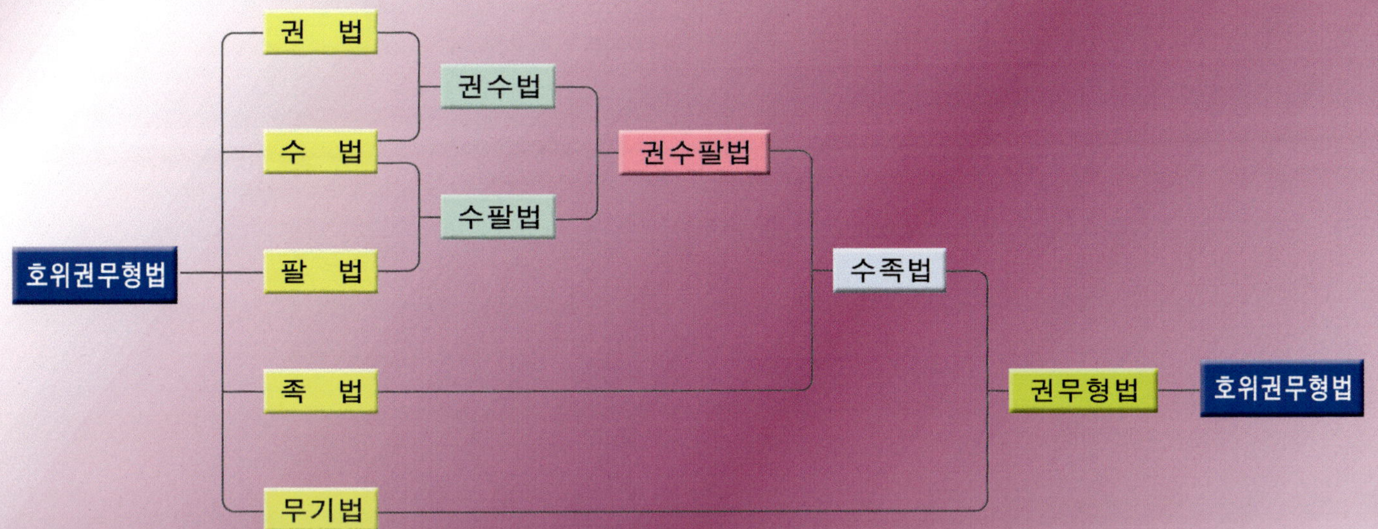

<< **호위권무형법의 종류** >>

1. 권법-기본-전진-전후-4방-8방-좌우전진,응용권법
2. 전환선법권법-수족무형-무기형법
3. 수족무형법-수족-족수-수족수-족수족
4. 무기형법-봉-검-급조
5. 응용권법-수족-무기

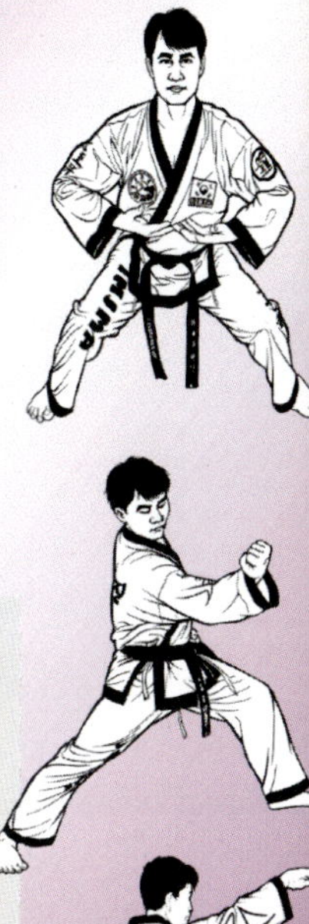

<< **호위권무형법** >>

경호대상에 대한 위협이 동시 다발적이고 계속성있게 이루어지고 있을 때 주먹, 손날, 팔꿈치, 발부위 등으로 공격자에 대한 방어와 동시에 공격하는 기술로 손만을 이용하는 방법과 무기를 이용하는 방법, 수족을 동시에 이용 하면서 경호대상을 중심으로 안전을 확보하면서 취하는 공방기술로 체계화된 호위권무형법 기술이다.

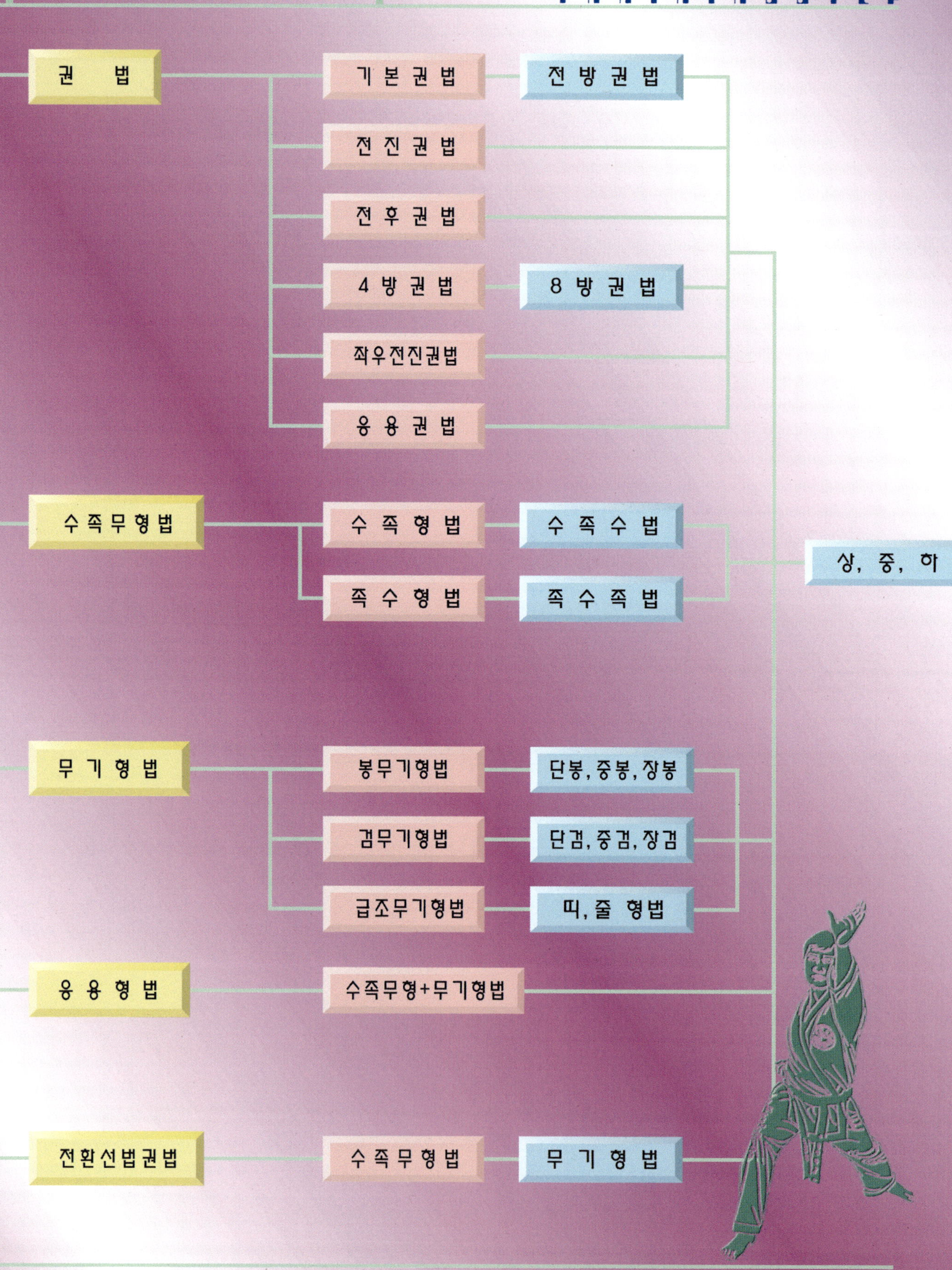

Ⅱ. 호위권무형법 수련단계
TRAINING STEP

권 법
기본권법
전방권법
전진권법
전후권법
4 방권법
8 방권법
좌우전진권법
응용권법

수족무형법
수족형법
수족수법
족수형법
족수족법

상, 중, 하

무기형법
봉무기형법
단봉, 중봉, 장봉
검무기형법
단검, 중검, 장검
급조무기형법
띠, 줄 형법

응용형법
수족무형+무기형법

전환선법권법
수족무형법
무기형법

Ⅲ. 호위권무형법 정의   MEANING 1

　　호위권무형법이란 자신을 포함하여 경호대상에 대한 물리적 위협이 동시 다발적이고 계속성있게 이루어지고 있을 때 정권, 수도, 관수도, 팔굽 그리고 발차기, 무기 등을 이용하여 공격자에 대한 방어와 동시에 자신의 몸통을 경호대상을 중심으로 돌려 보호하며 상대공격자를 역제압하는 기술을 호위권무형법이라고 한다.

Ⅳ. 호위권무형법 의의   MEANING 2

　　호위권무형법은 주먹, 손날, 손끝, 팔꿈치 그리고 발, 무릎 등을 이용한 발차기와 봉이나 칼 등을 이용하는 무기등을 부위 등 맨손만을 이용하여 상대방을 상대하는 것으로 공방술을 기초로 하여 최단 거리·최단 방향전환·최단 공격횟수로 다수의 상대방을 효과적으로 제압할 수 있도록 착안된 기술체계를 말한다.

　　사람에게는 인체에 흐르는 혈(훈혈·사혈)과 혈점 즉, 급소점이 있는데 이 혈의 급소점에 따라서 가볍게 또는 강하게 손이나 발 그리고 무기 등을 이용하여 인위적으로 가격하여 충격을 가하게 되면 혹, 의식을 잃고 기절하기도 하며, 때로는 벙어리가 되기도 하며, 죽기도 하는데, 이것을 가리켜 살법(殺法)이라고도 한다. 그러나 이와는 반대로, 이 같은 혈의 급소점을 적당히 압박하거나 자극하여 혈의 막힘을 풀어 정신을 잃은 사람의 의식을 되찾게 하거나 또는 벙어리의 말문을 열게 하거나, 경우에 따라서는 오랜 지병을 낫게 하는 것을 활법(活法)(병가의 인, 신, 지, 용, 엄) 즉, 소생술(巢笙術)이라고도 한다.

　　이러한 신비함때문에 일반인들이 무술을 신비롭게 생각하는지도 모른다. 그러나 서두에 말했듯이 호위권무형법은 수족과 무기 등으로 상대방의 공방에 대비하여 예상 될 수 있는 술기에 잘 적응하도록 기술을 치밀하게 체계적으로 구성하여 상대방의 반응에 적응되도록 한 프로그램이라고 할 수 있다. 대체로 호위권무형법의 기법에서 유(柔)의 술기는 상대의 공격을 방어하기 위함이고, 강(剛)은 상대를 향한 공격기법이기 때문에 당연히 강하고 격렬하게 행하는 것이 원칙이다.

　　실전에서 요구될 수 있는 최적의 수법을 단순화함으로써 공격과 방어를 신속·정확하게 하여 상대를 최단 제압할 수 있는 가공할 무력이다라고 할 수 있다.

　　옛 명나라(明國) 척계광(戚繼光)의 《기효신서권경첩요편(記效新書券經捷要篇)》에는 이렇게 말하고 있다. 대체로 권(券), 곤(棍), 도(刀), 창(槍) 따위는 먼저 권법활동(券法活動)으로부터 손을 움직이지 않는 것이 없다라고 기록하는 것으로 보아 권법이 모든 수기술(手技術)의 기초가 된다는 것을 단적으로 표현한 것이라고 할 수 있다.

　　호위권무형법은 앞서 설명한바와 같이 정권, 수도, 관수도, 팔굽, 팔굽장 등을 이용한 9가지의 기본권법과 18가지의 기본발차기를 기본으로 하고 있으며, 공격과 방어에 필요한 공격기술과 방어기술을 자유롭게 할 수 있도록 전환선법스텝을 접목하여 전후좌우, 위치이동, 방향전환이 용이하도록 하였으며, 기본권법 순서에 관계없이 혼용하고, 기본권법과 기본발차기 등을 순서에 관계없이 자유롭게 혼용할 수 있는 것이 가장 큰 특징이라고 할 수 있다.(지도나 수련시에는 순서대로 하는 것이 좋다.) 물론 봉이나 칼 등 기타무기로 사용할 수 있는 것도 혼용이 자유로운 것이 호위권무형법의 체계이다. 그러나 가장 큰 특징이라면 경호대상을 호위하는 동시에 공격할 수 있는 기술체계라고 말할 수 있다.

Ⅴ. 호위권무형법을 잘하는 법

구 분	내 용
첫 째	각 권법에 포함되어 있는 용법을 바르게 이해한다.
둘 째	호위권무형법은 잘 짜여진 공방의 프로그램으로 그 유형을 바르게 이해한다.
셋 째	우선 공방의 수(手) 자세를 바르게 익힌다.
넷 째	연습을 충분히 하여 본능에 가깝게 반응되도록 숙달시킨다.
다섯째	목표와의 거리 각도에 관한 수족의 움직임이 기초를 다질 때 일치되도록 한다.
여섯째	상대를 가격할 때 타격 부위에 힘을 순간 집중하도록 하는 특별한 수련을 한다.
일곱째	각각의 호위권무형법을 익힐때는 구분되게 수련하되 최상의 호위권무형법은 실전에서 하나의 호위권무형법이 되도록 하는데 있다는 사실을 알아야 한다.

Ⅵ. 기본권법

구 분	내 용
1번	우수정권으로 명치를 지르고 평관수도로 눈을 향해 원 그려치기(응용 : 수도 등으로 목 또는 관자놀이 급소등점을 가격)
2번	좌수로 중단막고 전환, 우모지정권으로 관자놀이를 치고 우수 평관수도로 눈을 향해 원그려치기 (응용 : 수도 등으로 목 또는 관자놀이 급소점등을 가격)
3번	좌수로 상단막고 전환 우모지 정군으로 관자놀이를 치고 우수 평관수도로 눈을 향해 원그려치기 (응용 : 수도 등으로 목 또는 관자놀이 급소점 등을 가격)
4번	3번과 같이 원 그려치고 마지막 우수평정권으로 명치 지르기
5번	좌세수도로 천지 목내려 치고, 수평 목 치며, 우수 모지정권으로 관자놀이 원그려치고 좌수 관수도로 눈을 향해 원 그려치기
6번	좌수로 목 줄기 잡아당기기
7번	좌우평수도로 목 동맥 치고 우수 장으로 턱 면상 밀어 치기
8번	우수 모지정권으로 관자놀이 원 그려치기(응용 : 목 등의 급소점 등을 가격)
9번	좌우 팔꿈치로 명치 지르고 반대 평정권으로 상단 지르기(응용 : 중단 급소점 등을 가격)

Ⅶ. 권 법

1. 기본권법 설명 (예)

E X A M P L E

1. 1번권법 – 정권으로 명치지르고 관수로 눈을 향해 원 그려치기

Explanation-1

선제 공격법으로 상대의 외(外)상을 최소화하면서 상대를 무력화하는데 매우 효과적인 기술이라고 말 할 수 있다.

Explanation-2

1번권법에서 정권지르기는 명치뿐아니라 목, 얼굴 등 다양한 부위를 목표로 지를 수 있으며, 관수 또한 눈을 포함하여 코를 공격할 수도 있다. 그리고 상대가 보다 근접한 곳에 있는 경우에는 평수도로 상대의 목동맥 또는 관자놀이와 같은 급소점을 공격하거나 몸통의 다양한 급소점 등을 가격할 수도 있다.

Explanation-3

1번권법은 상대의 허점을 선제 공격하는 기술로서 매우 근접한 거리에 위치하고 있을 때 공격하는 기술로서 매우 신속하고 민첩하게 동작을 취하여야 한다. 기술의 특징은 정면과 측면공격방향을 한손으로 거의 동시에 취해야 한다는 문제와 가능한 상대의 신체에 근접하면서 동시에 안정된 자세를 유지하기 위해 전교자세를 취해야 한다는 점이다. 이 전교자세는 노출부분을 근소화하면서 근접하기에 좋은 자세이기는 하지만 균형유지가 어렵다는 단점이 있어 특별한 수련이 요구된다.

2. 2번권법 – 중단 막고 전환 우수 모지 정권으로 관자놀이 치고 좌수 관수도로 눈을 향해 원 그려치기

Explanation-1

선제공격으로부터 하단을 방어하면서 역으로 상대를 공격하는 방법으로 상대의 공격을 최단 처치하는 기술이다.

Start

Explanation-2

2번권법은 상대의 기습적인 중단 선제공격으로 부터 막고 동시에 역습하는 기술로서 방어와 공격을 순간 전환하여 공격하는 기술로서 상대의 공격수단 즉, 맨손이나 칼 또는 각목과 같은 무기로 찌르거나 치려는 순간 바꿔전환법을 이용 각도와 위치를 동시에 변화시켜 상대의 목, 얼굴 등을 집중 가격하는 공격기술이라고 할 수 있다.

3. 3번권법 – 상단막고 전환 우수 모지 정권으로 관자놀이 치고 좌수 관수도로 눈을 향해 원 그려치기

Explanation-1

상대방의 상단 선제공격을 막고 2번과 같은 방법으로 공격을 한다.

Explanation-2

3번은 2번권법에서 설명한 바와 같이 유사한 대응 공격기술이다. 다만, 상대의 선제공격이 상단 수직 또는 수평공격시 이를 상단 막기법(수팔막기)으로 방어한 후 상대의 얼굴 또는 목등을 목표로 집중 공격하는 기술이다.

4. 4번권법 – 3번과 같이 원 그려치고 마지막 정권 지르기

Explanation-1

상대방이 안전거리를 유지하는 상황에서 연속적인 동작을 취하여 깊이 공격하는 방법을 말한다.

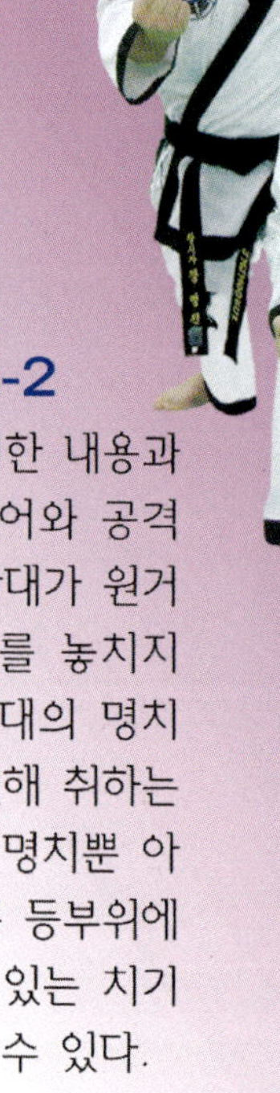

Explanation-2

4번은 3번에서 설명한 내용과 동일한 상황에서 방어와 공격 기술을 전개한 후 상대가 원거리 이격시 순간기회를 놓치지 않고 평정권으로 상대의 명치를 치는 기술을 연결해 취하는 공격기술이다. 물론 명치뿐 아니라 얼굴, 목, 몸통 등부위에 관계없이 가격할 수 있는 치기라면 상관없다고 할 수 있다.

5. 5번권법 – 좌수세수도로 천지 목치고 평수도로 수평 목치며 전환 우수 모지 정권으로 관자놀이 치고 좌·수 관수도로 눈을 향해 원 그려치기

Start

Explanation

5번은 세수도, 평수도 등으로 상대의 승모근과 목동맥 또는 쇄골부 등을 수직, 수평으로 동시에 선제 공격하는 기술로서 자세의 형식을 맨손에 검을 들고 베는 것과 같은 동작을 취하는 것이 특징이라고 할 수 있다. 특히, 좌수모지중관절(모지정권)로 상대의 관자놀이(급소)를 치는 경우에는 창으로 공격하는 것처럼 치기를 구사하는 기술이 연상된다고 할 수 있다. 즉, 동시에 공격하는 기습법으로서 공격을 연속동작으로 정면과 측면으로 깊숙히 공격하는 기술을 구사한다는 특징이 있다.

6. 6번권법 – 목 줄기 잡아당기기

Start

Explanation

 6번은 상대의 목줄기를 모지관수도로 찍어 잡아당기는 것으로, 매가 발톱을 세워 병아리를 잡아 낚아 채는 동작과 같이 하는 기술이다.
 목줄기는 연하고 약한 연골조직으로 되어 있고 링과 같은 타원형에 간격이 이격되어 있어 잡기에 좋다. 특히 목줄기 뒤쪽은 연골간격이 벌어져 있어 엄지와 인지를 깊이 눌러 잡으면 잡기에 편하게 구조가 되어 한번 잡으면, 쉽게 놓치지 않게 되어있다. 그리고 기도를 누르는 효과가 있어 숨을 못쉬게도 하는데 효과적이며, 목부위에는 운동신경과 지신경 등이 집중되어 있어 상대를 보다 무력하게 만드는데 좋은 기술이며, 경우에 따라 살생술로도 매우 효과적인 기술이다라고 할 수 있다.

7. 7번권법 – 좌우 배수도로 목동맥 치고 면상 밀어치기

Explanation-1

상대방의 양 목동맥과 신경을 강하게 강타하여 상대방의 의식과 수족을 잠시 정지 시키는 방법으로 효과적이다.

Explanation-2

7번은 양배수도로 상대의 목동맥 좌우측면을 가격하는 동시에 우수장으로 하관턱관절을 쳐밀어 내는 기술로서 지신경과 운동신경을 순간 마비시켜 무력화시키는 기술이다. 특히, 하관턱관절을 쳐밀어 머리가 뒤로 젖혀지게 하여 경추 목관절이 꺾이게 하고 결정적으로 중추신경에 강한 충격을 가함으로서 실신 또는 살상케 할 수 있는 기술이다. 우선, 7번의 기술은 1번과 같이 전교자세를 취하여 상대의 허점을 노려 상단 목부위 좌우측면과 정면을 동시에 공격하는 기술로서 근접한 거리에서 매우 효과적인 선제 공격 기술이다라고 할 수 있다.

Explanation-1

가장 동작을 짧게 취하면서
도 가장 큰 효과를 얻을 수 있
는 치기법으로 상대방의 의식
을 순식간에 혼미하게 만드는
방법이다. 또한 다른 동작과
연결이 용이하다.

Explanation-2

8번은 모지중관절(모지정권)부위로 상
대의 상단측면의 허점을 기습적으로 선
제 공격하는 기술로서 관자놀이 급소점
을 가격하는 기술이다. 관자놀이는 눈과
귀사이 중간 지점에 손으로 가볍게 문지
르면 오목하게 들어가 있는 부분이다.
이 급소점은 평형감각을 잃을 수 있으
며, 하나의 물체가 여러개의 사물로 보
이게 하는 착시현상을 갖게 할 수도 있다.
특히, 이 급소점은 타격에 따른 충격정
도에 따라 살상하는 효과도 있다.

Explanation-1

　최단 동작으로 동시에 3명을 상대하여 제압할 수 있는 기본동작으로 다른 권법과 응용할 수 있는 가장 기본이 되는 동작이다.

Explanation-2

　9번은 다수의 상대가 여러 방향에서 동시에 선제공격하는 경우에 반사적으로 발굽장으로 몸통 명치부위를 치고 이어 반대수로 평정권으로 명치, 얼굴 등을 치는 동작으로 평선으로 좌우측으로 전환하고 반원뒷전환 평선자세로 후면으로 전환하여 공격하는 기술이다.
　동작이 간결하고 방향전환이 신속하며, 안정된 자세라고 할 수 있다. 9번은 1번에서 8번을 단수 또는 복수로 이어 공격과 방어를 자유롭게 구사할 수 있다.

2. 전진권법

1) 전후권법의 의의

전진권법은 앞으로만 전진하면서 기본권법을 상황에 적절한 권법을 골라 순간 적용하는 권법기술이다. 물론, 이 권법은 순간 또는 찰나의 멈춤도 허용해서는 안되며, 연속성의 완성도에 따라서 그 효과의 차이가 크게 난다고 할 수 있다. 순간의 멈춤은 상대에게 역습할 공격의 빌미를 제공할 수 있으며, 이로 인해 상대에게 패할 수 있음을 기억해 두어야만 한다.

1번 2번, 2번 1번, 2번 5번, 5번 7번 4번식으로 자유롭게 번갈아 이어 자세를 끊임없이 이어가는 권법형식이라고 할 수 있다.

서두에 설명한 바와 같이 상황설정에 맞는 권법구사를 얼마만큼 적절하게 할 수 있는 가하는 문제가 전진권법의 완성도의 차이라고 설명할 수 있다고 하겠다.

2) 전진권법 설명 (예)

1. 전진권법 1번

Start

2. 전진권법 2번

3. 전진권법 3번

Start

4. 전진권법 4번
Start

5. 전진권법 5번

Start

6. 전진권법 6번

Start

7. 전진권법 7번

Start

경호무술 3
호위권무형법

8. 전진권법 8번

Start

3. 전후권법

1) 전후권법 의의   MEANING!

전후권법은 앞과 뒷면에 위치한 상대를 동일한 권법형태로 연속적으로 동시에 방어와 공격을 취하는 권법기술로 다수의 상대와 대적하는 기술이라고 할 수 있다.

기본권법, 전진권법, 좌우전진권법과 같이 앞으로만 진행하는 형과는 달리 앞과 뒷면을 동시에 방향전환을 해야 하기 때문에 방향전환에 따른 평형감각 혼동이 야기되어 공격 목표에 정확하게 가격하기가 매우 어려운 기술이다. 따라서 보다 많은 훈련이 요구되는 기술이라고 설명할 수가 있다.

전후권법은 특히 뒷면에 위치한 상대를 기습하거나 방어·반격 시 매우 유용한 기술이며 방어 시 취약한 뒷면을 보완하는데 중요한 기술이다. 그러나 앞으로만 진행하는 자세보다는 초기에 숙달시키는데, 많은 어려움이 있을 수 있다. 그러나 전후권법은 수련하면할 수록 자세가 안정되어 가는 특징이 있으며, 앞으로 진행형보다 숙달된 후에는 보다 빠르고 강한 동작구현이 가능하다. 따라서 후방공격이나 서로 다른 각도에서 다수의 사람에 의하여 공격받는 경우에 대처하기 매우 적절한 기술이라고 할 수 있다.

전후권법은 방향전환시 안정된 균형이 중요하며, 특히 반사적인 순발력이 크게 요구되는 기술이라고 말할 수 있다.

1. 전후권법 기본1번하고 1번

2. 전후권법 기본2번하고 2번

Start

3. 전후권법 기본3번하고 3번

Start

Start

5. 전후권법 기본5번하고 5번

6. 전후권법 기본6번하고 6번

7. 전후권법 기본7번하고 7번

Start

88

Start
장명진 경호무술
장명진 경호무술
장명진

1. 4방권법(1,3,4,5번)

경호무술

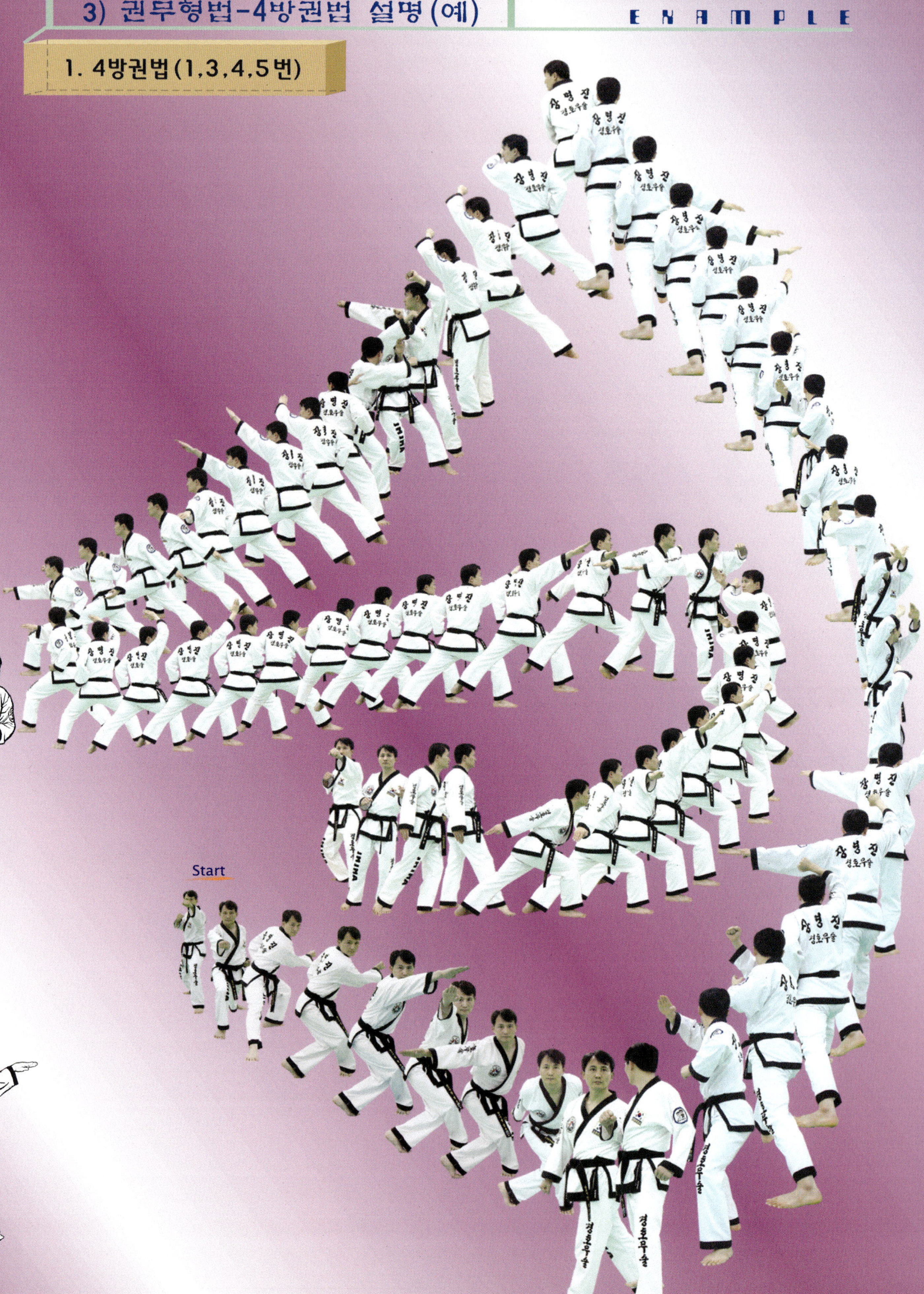

2. 4방권법(2,3,4,5번)

경호무술3
호위권무형법

4 좌우전진권법

1) 좌우전진권법 의의   MEANING!

좌우전진권법은 전진권법과 같이 앞으로 계속 전진하여 기본권법을 번갈아 혼용하여 구사하는 권법형태를 말한다. 그러나 좌우전진권법이 전진권법과는 달리 좌우측으로 번갈아 가며 구사하는 것이 차이가 있다고 할 수 있으며, 전진권법은 상대가 일정한 각도로 후진하는 상태에 있는 상황을 설정 가능한 빠른 공격수단을 염두 해 둔 것이라고 할 때, 좌우전진권법은 상대가 좌우측 각도의 이격에 따른 공격효율을 염두 해 둔 권법기술이라고 할 수 있다.

이 권법은 전진권법보다 상대의 좌우측 공격효율을 높이는 효과가 있다고 하겠다.

물론 앞서 설명한 것과 같이 전진권법처럼 2번 1번, 2번 7번, 5번 4번, 5번 4번 7번식으로 혼용하여 계속이어 구사할 수 있다. 이 또한 빠르고 안정된 자세가 요구되며, 전진권법에서 설명한 바와 같이 순간 찰나의 멈춤이 없도록 하는 훈련이 요구된다.

1. 좌우전진권법 1번

Start

2. 좌우전진권법 2번

Start

3. 좌우전진권법 3번

4. 좌우전진권법 4번

Start

97

6. 좌우전진권법 6번

7. 좌우전진권법 7번

Start

8. 좌우전진권법 8번

Start

III
5. 응 용 권 법
경호무술 3
호위권무형법

1) 전진응용권법 설명 (예)

　전진권법응용은 기본권법 순서에서 관계없이 두가지 또는 세가지 이상으로 연결하여 취하는 동작을 말한다. 예를 들어 1번하고 2번 또는 2번하고 1번식으로 자유롭게 혼용하여 자세를 연결하며전진하는 것을 말한다.

1. 전진권법　1번하고 2번

Start

2. 전진권법 1번하고 2번하고 3번

경호무술3
호위권무형법

Start

103

3. 전진권법 1번하고 3번

Start

5. 전진권법 1번하고 5번

Start

6. 전진권법 1번하고 6번

7. 전진권법 1번하고 7번

Start

경호무술

10. 전진권법 2번하고 3번

11. 전진권법 2번하고 3번하고 5번

Start

12. 전진권법 2번하고 4번

113

13. 전진권법 2번하고 5번

경호무술

GUARD MILITARY

경호무술

17. 전진권법 3번하고 1번

Start

18. 전진권법 3번하고 2번

Start

19. 전진권법 3번하고 4번

Start

20. 전진권법 3번하고 5번

21. 전진권법 3번하고 6번

Start

22. 전진권법 3번하고 7번

경호무술

23. 전진권법 3번하고 8번

24. 전진권법 4번하고 1번

Start

25. 전진권법 4번하고 2번

25. 전진권법 4번하고 2번

Start

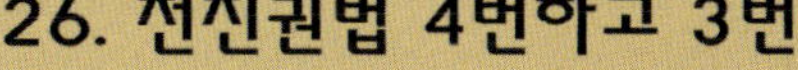

26. 전진권법 4번하고 3번

Start

27. 전진권법 4번하고 5번

28. 전진권법 4번하고 6번

Start

경호무술 3
호위권무형법

29. 전진권법 4번하고 8번

Start

30. 전진권법 5번하고 1번

31. 전진권법 5번하고 3번

Start

33. 전진권법 5번하고 6번

Start

Start

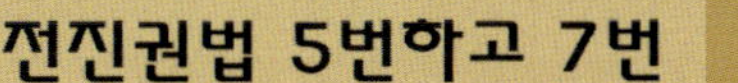

35. 전진권법 6번하고 1번

Start

36. 전진권법 6번하고 2번

Start

경호무술

Start

37. 전진권법 6번하고 3번

38. 전진권법 6번하고 4번

39. 전진권법 6번하고 5번

40. 전진권법 6번하고 7번

Start

경호무술

41. 전후권법 1번부터 9번

경호무술 3
호위권무형법

2) 권무형법 응용권법 (예)　　　　　　　　EXAMPLE

전후권법응용은 전진권법 응용동작과 같이 기본권법자세를 혼용하여 자세를 취하는 것으로서 1번하고 7번을 하거나 8번하고 5번하는 식으로 연결하여 앞뒤로 전환하며, 자세를 연결하여 취하는 것을 말한다.

1. 전후권법　1번하고 7번

Start
경호무술 3
호위권무형법
3. 경호무술 호위권무형법

3. 전후권법 2번하고 3번

경호무술

Start

Start

Start

6. 전후권법 2번하고 6번

7. 전후권법 2번하고 7번

Start

경호무술3
호위권무형법

9. 전후권법 3번하고 4번

10. 전후권법 3번하고 5번

Start

12. 전후권법 3번하고 7번

155

13. 전후권법 4번하고 1번

Start

14. 전후권법 4번하고 3번

GUARD MILITARY

경호무술

Start

16. 전후권법 4번하고 7번

Start

18. 전후권법 5번하고 3번

Start

경호무술

Start

20. 전후권법 5번하고 6번
Start

21. 전후권법 6번하고 5번

22. 전후권법 7번하고 1번

23. 전후권법 7번하고 3번

Start

166

24. 전후권법 7번하고 4번

Start

GUARD MILITARY

경호무술

Start

26. 전후권법 7번하고 6번

Start

Start

6. 전환선법권무형법

전환선법 권법이란 기본권법과는 달리 전환선법을 적용한 권법으로서 권법을 하기 전, 전환선법 자세를 취한 후 기본권법을 이어 취하는 동작 기술을 말한다.

이 전환선법 권법은 실전에서 일어나는 상대방의 다양한 각도와 위치이동 그리고 공방에 따른 변화에 보다 효과적으로 대응할 수 있도록 프로그램화 한 기술이다.

1) 전환선법 권법(전환선법 적용)

1) **평교** 권법 1번~9번
2) **평교앞전환** 권법 1번~9번
3) **평교뒷전환** 권법 1번~9번
4) **평전(전방)** 권법 1번~9번
5) **평후(후방)** 권법 1번~9번
6) **평전교(A형)** 권법 1번~9번
7) **평전교(B형)** 권법 1번~9번
8) **평후교(A형)** 권법 1번~9번
9) **평후교(B형)** 권법 1번~9번
10) **평좌교(A형)** 권법 1번~9번
11) **평좌교(B형)** 권법 1번~9번
12) **평우교(A형)** 권법 1번~9번
13) **평우교(B형)** 권법 1번~9번
14) **대각평(전)[후]** 권법 1번~9번
15) **대각원바꿔앞전환(A형)** 권법 1번~9번
16) **대각원바꿔앞전환(B형)** 권법 1번~9번
17) **대각앞반원바꿔뒷전환** 권법 1번~9번
18) **대각평후앞반원바꿔뒷전환** 권법 1번~9번
19) **대각평후앞반원바꿔앞전환**□권법 1번~9번
20) **후방대각평후** 권법 1번~9번
21) **후방대각앞반원바꿔(앞)전화** 권법 1번~9번
22) **대각반원뒷전환앞반원바꿔앞전환** 권법 1번~9번
23) **평선(A형)** 권법 1번~9번
24) **평선(A형)** 권법 1번~9번
25) **반앞전환** 권법 1번~9번
26) **반뒷전환** 권법 1번~9번

경호무술3
호위권무형법

경호무술

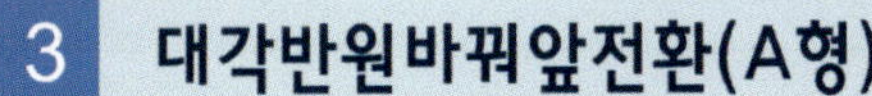

3 대각반원바꿔앞전환(A형)

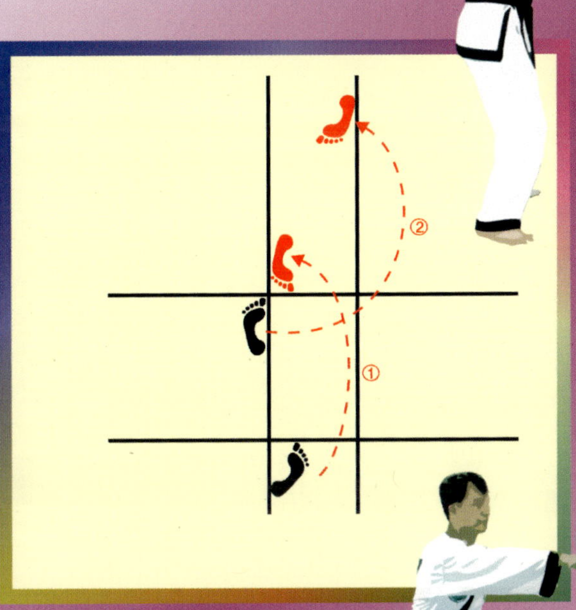

4 대각앞반원바꿔뒷전환

5 반앞전환

6 반뒷전환

7   후방반앞전환

8   반원앞전환(B형)

177

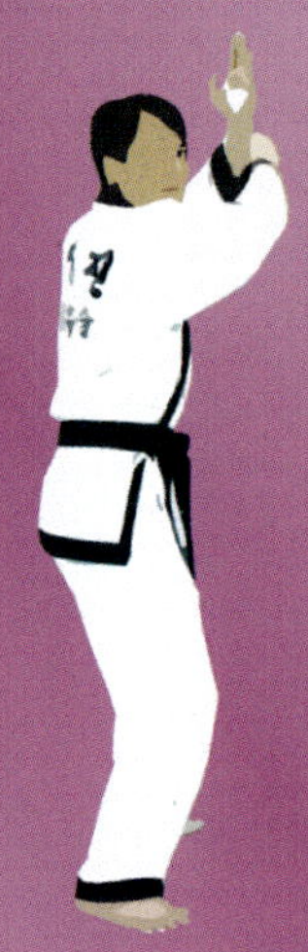

9 반원뒷전환

10 앞반원바꿔앞전환

11 전방반원앞전환

12 후방반원뒷전환

7.수족무형법

수족무형법의 의의

수족형법은 기본권법에 발차기 그리고 무기를 혼용하여 상대를 보다 효과적으로 공격하기 위한 기술로 착안된 기술이라고 할 수 있다.

수족무형법의 장점은 맨손에 의한 치기의 한계 즉, 거리, 각도, 파워(힘)로 인한 공격기술의 한계를 보완해 주는 효과가 매우 크다고 할 수 있다. 특히, 상대의 몸놀림이 빠르고, 자유로운 공방기술을 갖추고 있다거나, 상대해야 하는 상황에서는 손발을 자유롭게 구사할 수 있는 기술이 크게 요구 된다고 할 수 있다.

통상 발은 손의 길이보다 길며, 파워(힘)도 손보다 3~5배 정도는 강하기 때문에 공격반경과 힘있는 공격시에는 발차기 기술이 손에 의한 기술보다 월등하다고 할 수 있다. 물론, 수족무형법은 이같은 발의 장점을 포함해 손의 장점을 혼용해 주는 상대와 대치된 상태에서 대적해야 하는 상황에서는 손발을 자유롭게 구사할 수 있는 기술이 크게 요구

족무형법에 접목한 기술이라고 할 수 있다. 전후권법 등을 자유롭게 혼용하여 구사하는 기술이다. 전환선법발차기법, 특수발차기법을 기본권법, 전진권법, 좌우전진권법. 기본발차기법을 혼합해 복식발차기법. 그리고 단봉, 중봉, 장봉, 단검, 중검, 장검 등과 같은 무기를 든 상대를 대응하는데 효과적인 수단으로서 단순발차기나 단순권법만을 구사 하는 것보다 구현하기에 매우 힘든 기술로서 상당한 수련이 요구된다고 할 수 있다. 그리고 권법하고 발차기하고 다시 권 법하는 수족수형법과 발차기를 먼저하고 수족형법과 발차기를 먼저하고 권법하는 수족수형발차기하고. 발차기하는 족수족형 등이 있다.

1) 권무형법 수족형법 설명 (예)

수족형법은 권법으로 공격과 방어를 하고 이어서 발차기로서 상대를 공격하는 기술체계로서 근접된 상대방의 공격을 빠른 손으로 대응하는 동시에 힘과 공격반경이 큰 발차기로 역습하는 기술로 설명 할 수 있다. 따라서 수족형법을 잘 이해하고 연마한다면 실전력을 크게 높여줄 것이다.

1. 1번하고 앉아돌려차기

2. 2번하고 내서외로 발끝찍어차기

3. 2번하고 뒤꿈치 걷어돌려차기

Start

4. 2번하고 뒤차기

Start

Start

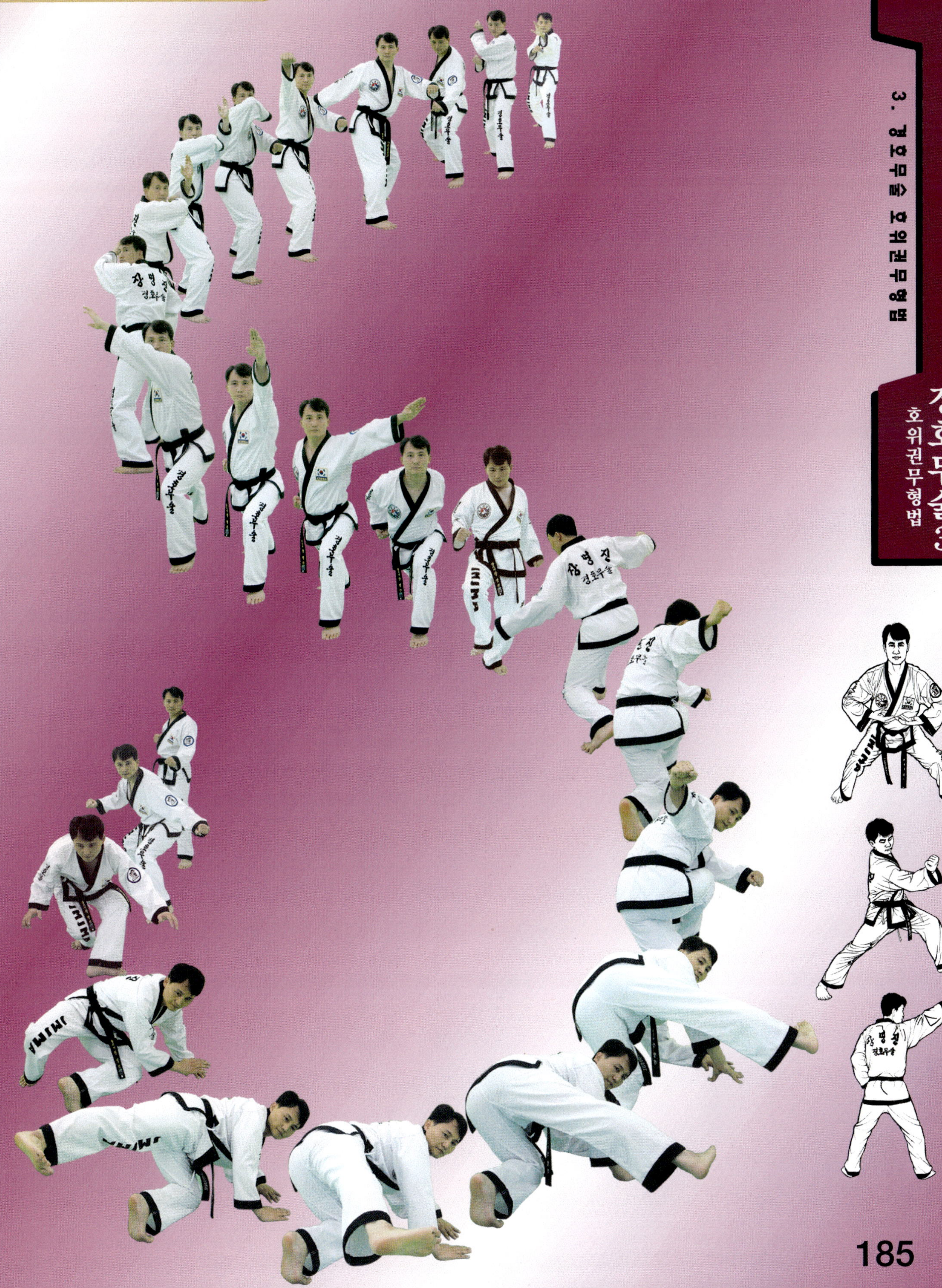

6. 2번하고 앞차기

Start

경호무술 3
호위권무형법

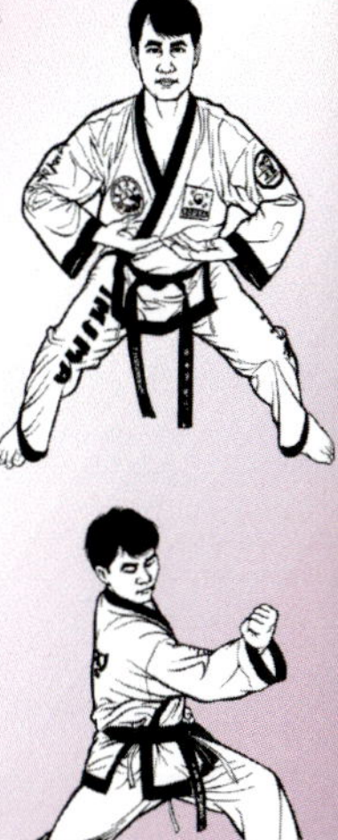

8. 2번하고 하단옆차기
Start

9. 3번하고 내서외로 발끝찍어차기

Start

11. 3번하고 무릎대각 올려차기

경호무술 3
호위권무형법

12. 3번하고 발끝찍어차기

13. 3번하고 하단뒤차기

Start

경호무술

14. 3번하고 하단옆차기

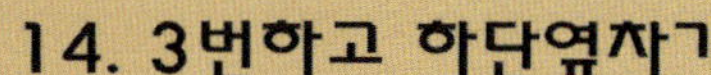

Start

194

Start

16. 4번하고 발등 반달 내려찍어차기

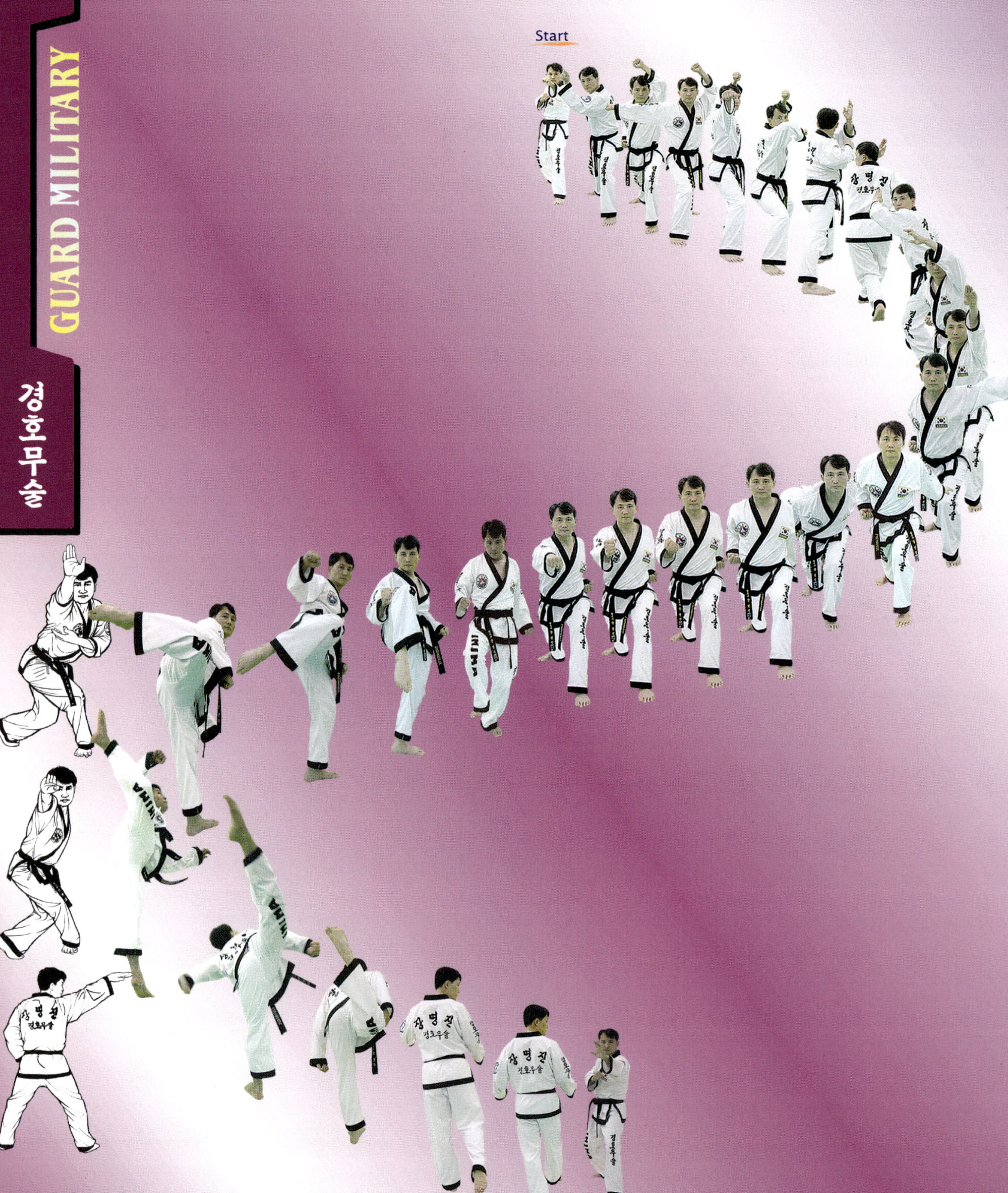

17. 4번하고 서서돌려차기

3. 경호무술 호위권무 형법

경호무술 3
호위권무형법

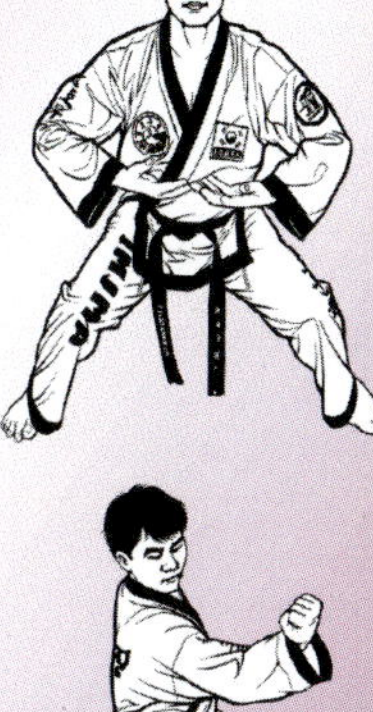

GUARD MILITARY

경호무술

18. 4번하고 족기 차돌리기

198

19. 4번하고 족도 차돌리기

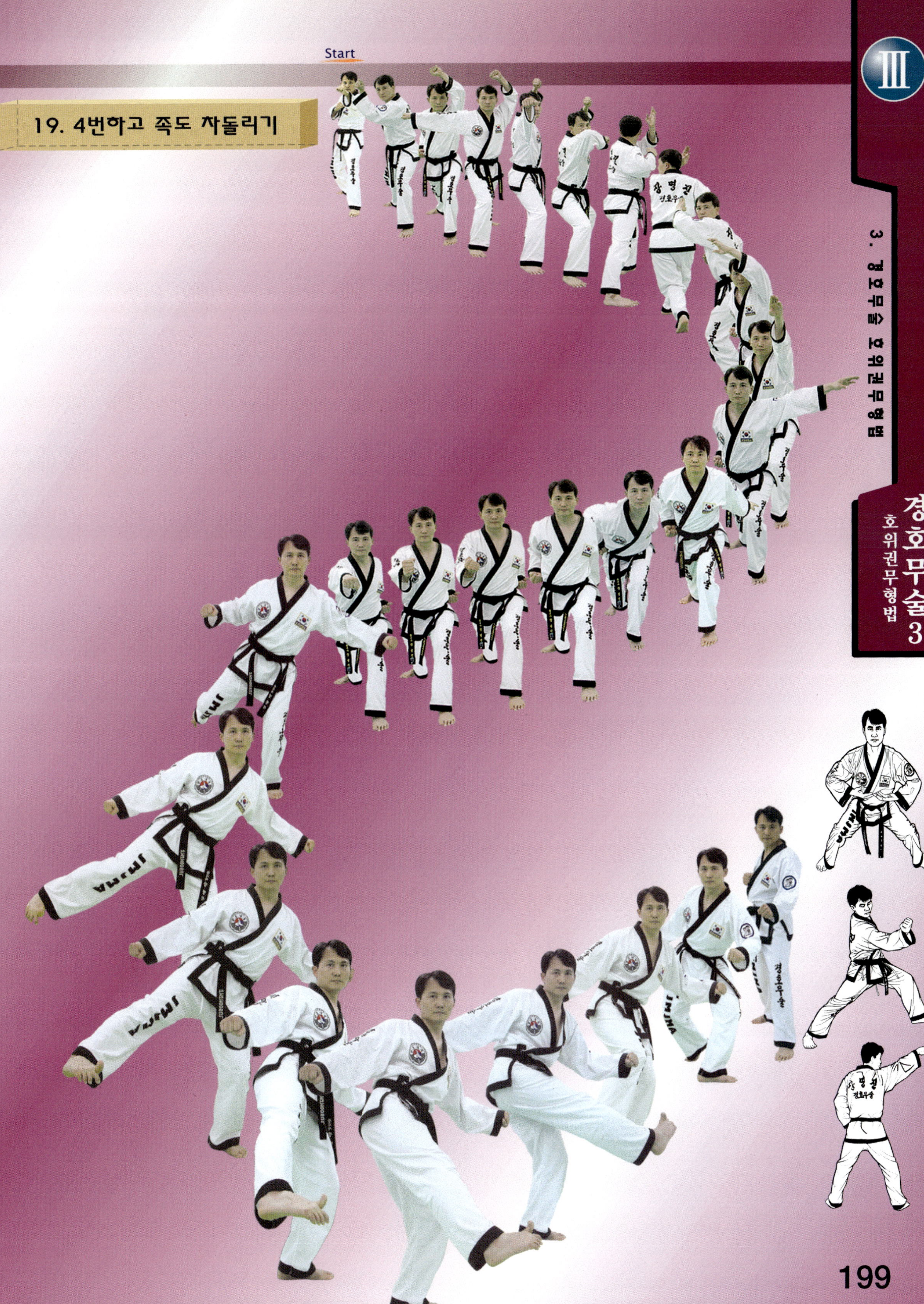

20. 4번하고 하단 뒤차기

21. 5번하고 발끝찍어차기

22. 5번하고 안다리 돌려차기

GUARD MILITARY

23. 5번하고 족기 지르기

Start

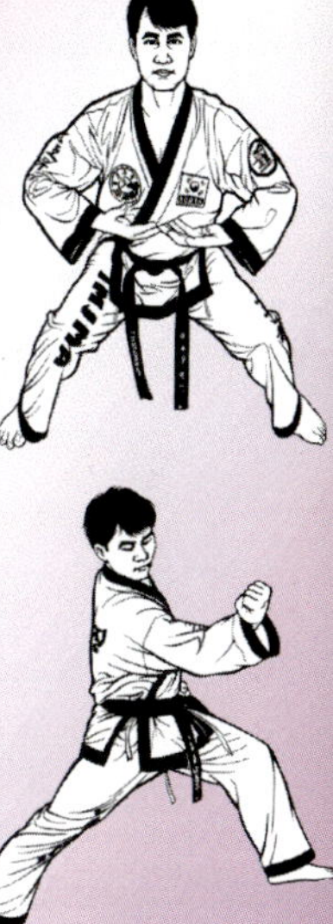

Start

25. 6번하고 내서 외로 발끝찍어차기

26. 6번하고 뒤꿈치 대각 내려 찍어차기

27. 6번하고 뒤꿈치 원 그려돌려치기

28. 6번하고 앞발옆차기

Start

30. 6번하고 족장 밀어차기

Start

(1) 족수형법의 의의

족수형법이란 수족형법의 반대로 발차기를 먼저 한 다음 권무형법을 이어 구사하는 형식이다. 족수형법은 수족형법과는 달리 선제공격에 유리할 뿐만 아니라, 상대방의 선제공격으로부터 역습하기에 매우 유리한 기술이라고 할 수 있다.

우선, 상대방이 의도적이든 아니든 간에 상대방과의 거리가 원거리 위치 시 수기술보다는 족기술이 유리하기 때문이다. 또한 선제공격이든 역습이든 발차기 공격 후에는 일반적으로 상대방과 근접하게 조우된다. 이때 발보다는 빠른 손기술이 유리하기 때문에 실전에서 족수형법이 매우 유용할 수 있다.

따라서 족수형법의 수련체계를 잘 이해하고 따라 수련한다면 기술체계에 대한 신체체득이 매우 빠른 속도로 익혀질 것이라고 생각한다.

211

(2) 권무형법 족수형법 설명 (예)   ENAMPLE

1. 내서외로 발끝찍고 1번권법

경호무술

2. 뒤꿈치 걷어돌려차고 2번권법

214

4. 뒤꿈치 원그려 돌려차고 4번권법

Start

5. 뒤차고 5번권법

6. 무릎대각 올려차고 6번권법

Start

217

7. 바깥다리 돌려차고 7번권법

8. 발등 반달 내려찍어차고 8번권법

9. 발끝 찍어차고 1번권법

Start

10. 서서 돌려차고 2번권법

3. 경호무술 호위권무형법

경호무술 3
호위권무형법

Start
11. 안다리 돌려차고 3번권법
GUARD MILITARY
경호무술

12. 안다리 돌려차고 4번권법

13. 앞발 옆차고 5번권법

14. 앞차고 6번권법

225

15. 옆차고 7번권법

Start

16. 족장 밀어차고 8번권법

Start

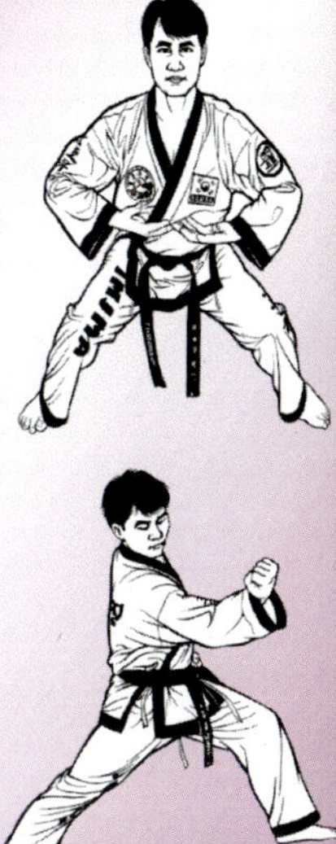

17. 하단 뒤차고 6번권법

228

18. 하단 발끝 찍어차고 4번권법

Start

19. 하단 옆차기 5번권법

Start

20. 하단 족도 차돌리고 3번권법

Start

231

Start

Start

GUARD MILITARY
경호무술

3) 권무형법 수족수법 설명(예)

EXAMPLE

1. 1번하고 바깥다리 돌려차고 3번권법

Start

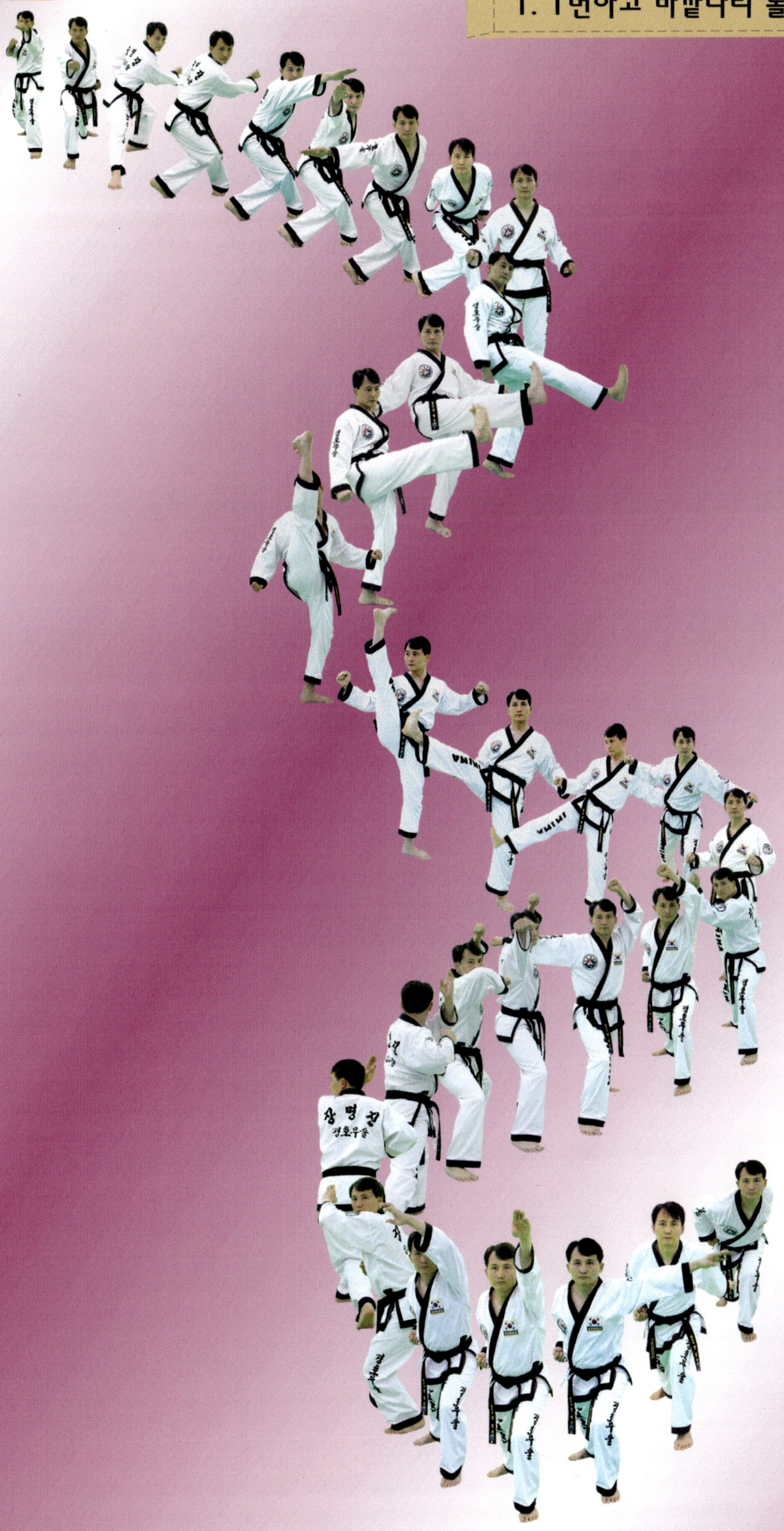

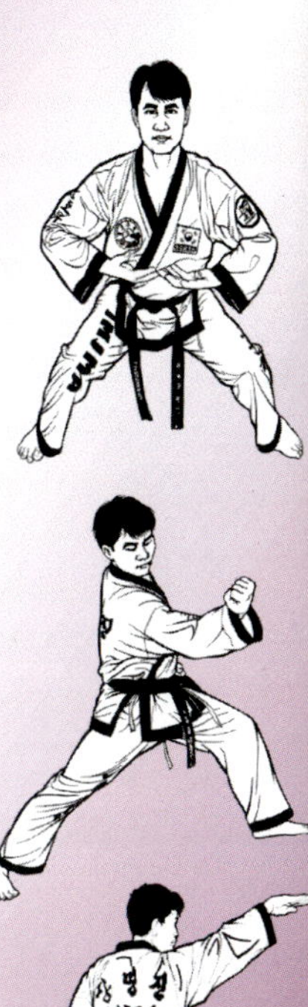

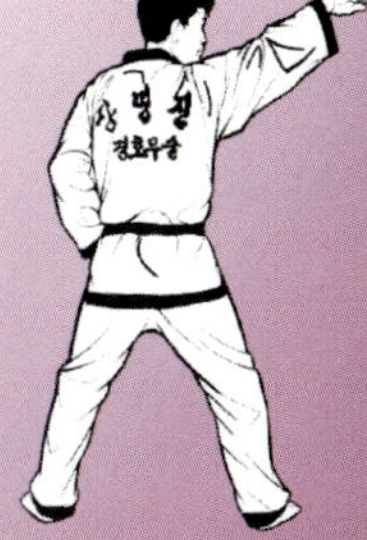

2. 1번하고 앉아 돌려차고 2번권법

Start

Start

3. 2번하고 내서 외로 발끝 찍어차고 6번권법

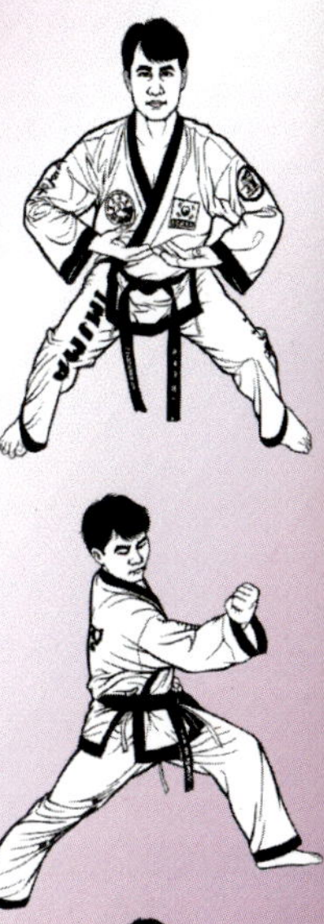

237

Start

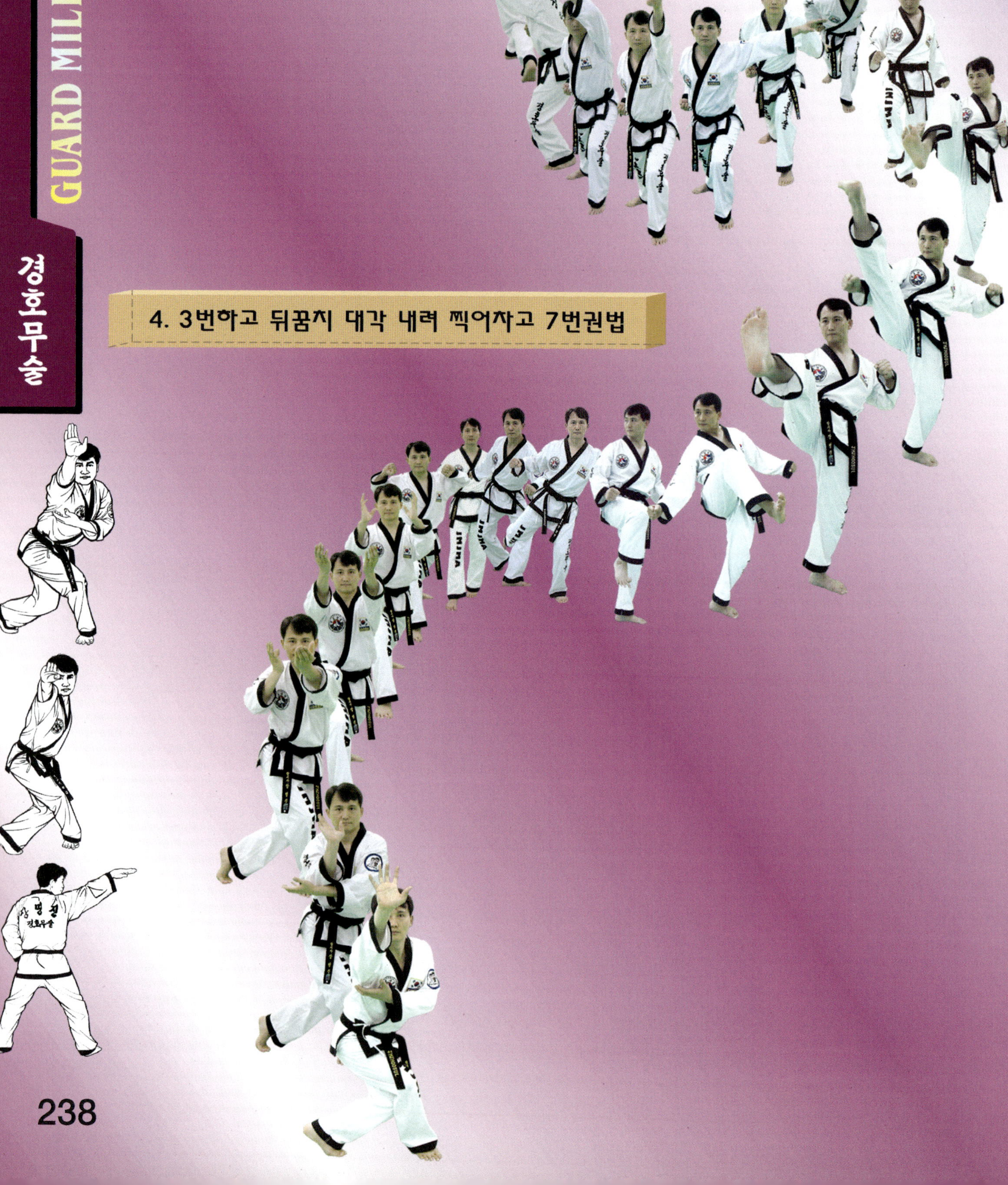

4. 3번하고 뒤꿈치 대각 내려 찍어차고 7번권법

5. 4번하고 반달 발 올려들어 발등 내려찍어차기 5번권법

6. 4번하고 이단 발끝찍고 4번권법

7. 5번하고 발끝 찍어차고 8번권법

241

경호무술

8. 6번하고 뒤꿈치 원 그려돌려차고 1번권법

9. 7번하고 뒤꿈치 걸어 돌려차고 3번권법

GUARD MILITARY

경호무술

1. 내서외로발끝찍고 1번하고 뒤꿈치 원 그려돌려차기

경호무술

2. 뒤꿈치 걷어 돌려차고 2번하고 뒤차기

Start
III
3. 경호무술 호위권무형법
경호무술 3
호위권무형법

4. 뒤꿈치 원 그려돌려차고 4번하고 앞차기

5. 무릎 대각 올려차고 6번하고 두발벌려차기

Start

7. 발등 반달 내려찍어차기 8번하고 발끝 찍어차기

8. 발끝 찍어차고 1번하고 앉아 돌려차기

252

9. 서서 돌려차고 2번권법 족장 밀어차기

경호무술 3
호위권무형법

8. 무기형법

　무기형법은 기본권법과 동일한 자세를 취하며, 손에 단봉, 중봉, 장봉과 같은 봉이나 단검, 장검과 같은 검과 띠줄과 같은 무기들을 손에 쥔상태에서 기본권법에서 맨손으로 치고, 긋고하는 동작을 그대로 구현하여 치고, 베고하는 기술이다.

　경호무술의 특징 중 하나는 봉술이나 검(칼)술을 특별하게 별도로 수련하지 않아도 기본권법에 무기를 혼용하여 수련하도록 창안한 점이 매우 특별하다고 할 수 있다. 그러나 동작기술의 완성도를 높이기 위해서는 끊임없이 반복된 수련을 해야만 높일 수 있다. 특히 무기형법은 무기에 따른 각각의 특징을 익혀야만 무기, 신체, 정신이 혼연일체를 이룰 수 있다고 할 수 있다.

　무기사용은 상대에게 공격 또는 방어시에 매우 우수한 용도로 사용될 수 있지만, 사용의 실수는 곧 자신을 오히려 다치게 하는 무기가 될 수도 있다. 따라서, 안전한 무기사용을 위해서는 무기에 따른 특징을 이해하고 자신에게 맞는 크기, 무게 등을 고려하여 선택해 수련에 사용하는 것이 좋으며, 가능한 무기는 바꾸어 수련하는 것은 바람직 하지 않다. 무기의 무게 또는 길이의 변화는 수련에 나쁜 영향이나 변화를 줄 수 있기 때문이다.

1) 봉무기형법 의의

봉무기형법은 단봉, 중봉, 장봉으로 구성되는데 길이의 길고 작음의 차이가 있는 것으로서 기본권법 자세를 응용하여 공격과 방어자세를 취하도록 구성된 기술이다. 이 기술은 특별히 배우지 않아도 기본권법 자세를 이용하는 것으로서 크게 부담을 갖는 필요는 없다. 봉무기형법은 실전에서 봉과 유사한 나무 즉, 각목이나 야구방망이, 골프채 등으로 응용할 수 있기때문에 그 어떤 무기형법 보다도 실전에서 유용한 기술이라고 할 수 있다. 따라서, 그 용법을 잘 이해하고 수련한다면 체득하기에 훨씬 손위운 것이라고 할 수 있다. 그러나 무기를 이용하는 기술이기 때문에 맨손만을 이용하는 기본권법과는 달리 숙달시키기가 어렵다. 따라서 더 많은 연마를 할 수 있도록 노력해야만 한다.

(1) 단봉 무기형법

① 단권 무기형법 의의

단봉은 50cm 이하의 짧은 길이의 것으로 언제든지 사용하기 위하여 몸 안에 소지시 간편하다는 장점이 있으며 필요시에 단봉 무기형법을 이용하여 상대방에게 위협적인 무기술을 이용 할 수 있다.

단봉 무기형법은 한손으로 잡아쥐어 찌르고 내리치면서 공격과 방어를 한다. 특히 목관절과 팔 및 손목관절을 주로 치기로 공격하며 얼굴, 목, 명치 등을 주로 찌르기로 공격한다.

단봉 찌르기, 치기자세

상단찌르기　　　　　중단찌르기

목대각내려치기　　　　　목수평치기

명치찌르기

목찌르기

손목치기

쇄골내려치기

무릎측면치기

무릎뒤축치기

② 단봉 무기형법 설명 예

EXAMPLE

1. 1번권법 (단봉)

Start

Explanation

무게와 크기가 작기 때문에 노출된 상대의 급소점 등을 빠르게 공격할 수 있다.

259

(2) 중봉 무기형법

② 단권 무기형법 의의

중봉은 50cm이상 1m이하의 중길이의 것으로 언제든지 사용하기 위하여 소지시 비교적 간편하다는 장점이 있으며 필요시에 중봉 무기형법을 이용하여 상대방에게 위협적인 무기술로 이용할 수 있다.

중봉 무기형법은 한손 또는 양손으로 잡아쥐고 단봉 무기형법과 같이 공격과 방어를 한다.

중봉 막기, 찌르기, 치기자세

정면상단막기
(정면목밀어치기)

정면중단막기
(정면몸통밀어치기)

정면하단막기
(정면허리밀어치기)

상단찌르기

중단찌르기

목찌르기

목대각내려치기

명치찌르기

무릎측면치기

목밀어치기

목올려치기

손목내려치기

② 중봉 무기형법 설명 예

1. 1번권법(중봉) (한손만을 이용)

Start

Explanation

봉의 크기와 무게가 적당하기 때문에 상대를 적당히 가격해도 상대는 상당한 충격을 받을 수 있다.

2. 2번권법(중봉) (양손을 이용)

Start

3. 3번권법 (중봉) (양손을 이용)

Start

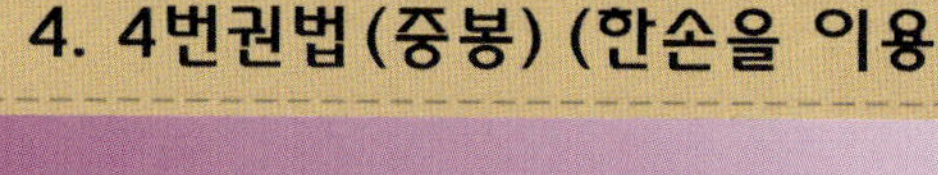

4. 4번권법 (중봉) (한손을 이용)

5. 4번권법 (응용) (양손을 이용)

(3) 장봉 무기형법

① 장봉 무기형법 의의

　장봉은 1m이상 길이의 것으로 다수의 적과 대적하거나 상대방이 무기술로 공격할 경우 이에 효과적으로 방어할 수 있는 장점이 있다.

　봉은 한 손으로 편하게 거머쥘 수 있는 원형형태 지름이 넓이가 좋으며 가능한 나무의 재질로 되어있어 중량이 가벼운 것을 선택하는 것이 좋다. 그러나 필요용도에 따라 플라스틱 또는 철로 되어있는 것을 선택하는 것도 무방하다. 물론 실전에서는 사용할 수 있는 것이라면 아무거나 상관이 없다고 할 수 있다.

장봉 막기, 찌르기, 치기자세

상단찌르기(치기)

중단찌르기(치기)

하단찌르기(치기)

중하단치기

하단치기

얼굴찌르기

목찌르기

무릎뒤축치기

기본준비자세

세워막기자세

수평막기자세

방어 및 공격자세

1. 2번권법 (장봉)

Start

GUARD MILITARY

경호무술

Explanation

봉이 크기 때문에 단봉과 같이 빠르게 하거나 좁은 공간에서 또는 한손으로 자유자재로 할 수 없다는 단점이 있으나, 단봉과는 달리 공방의 반경을 넓게 가질 수 있는 장점이 있다. 그리고 장봉은 단봉이나 중봉과는 달리 가능한 두손을 이용해 공격과 방어 자세를 취하는 것이 좋다.

2) 검 무기 형법 의의

　검과 도는 쇠붙이의 재질로 된 것으로 살(殺)무기의 일종이다. 한쪽으로 날이 서 있는 것을 검(劍)이라 부르고 양쪽에 날이 서 있는 것을 도(刀)라고 부른다. 한 손으로 사용하는 검에서 공격할 수 있는 양날의 필요성에 의하여 그 용도의 도(刀)로 발전한 것이다. 칼은 순수한 우리말이며 우리는 수백년 전부터 검(劍)과 도(刀)를 혼용해 사용해 왔으며 지금도 편한대로 혼용해서 쓰고 있다. 그리고 소지용도에 따라 단검, 중검, 장검을 소지하는데 검의 길이에 따라 크기를 구분한 개념이다. 수련시 이같은 크기에 따라서 수련하게 된다.

(1) 검 권무술을 잘하는 법

구 분	내 용
첫 째	검 권무술을 잘 하려면 검에 대한 두려움을 버려야 한다.
둘 째	검과 손이 일치되도록 활검 즉, 방검술 위주로 수련한다.
셋 째	찌르고 베는 살검 즉, 공검술의 수련은 마음이 앞서지 않도록 수련한다.
넷 째	발끝부터 검날 끝까지 일체감을 이루도록 수련한다.
다섯째	가능한 검은 바꾸어 수련하지 않는다. 바꾸게 되면 전 과정이 영향을 받는다.
여섯째	수련단계는 먼저 방서기 공서기 등의 서기자세부터 익히고 난 후 방검술 자세를 익힌다. 다시말해, 상대방이 찌르고 베는 동작을 따라서 막는 동작을 먼저 익힌다. 다음으로 공방술 즉, 베고 찌르는 동작을 익히도록 한다.

3. 경호무술 호위권무형법

경호무술3 호위권무형법

(2) 단검 무기형법

① 단검 무기형법 의의

단검은 30cm 이하의 짧은 길이의 것으로 언제든지 사용하기 위하여 호신용으로 몸 안에 소지시 간편하다는 장점이 있으며, 필요시에 단검 권무술을 이용하여 상대방에게 위협적인 무기기술로 이용할 수 있다.

중요한 것은 단봉 무기형법과는 달리 상대방에게 신체 및 생명에 대하여 치명적으로 신체 상해 및 생명을 위협 할 수도 있다. 물론, 실전이 아닌 수련시에는 가능한 실검보다는 목검과 같은 가검을 이용하여 수련하는 것이 좋으며, 수련단계에 따라 가검에서 진검으로 바꾸어 수련하는 것이 좋다.

1. 1번권법 (단검)

Start

□ Explanation-1

우선 단검은 찌르기에 효과적이다. 따라서 상대의 가슴과 같은 급소점을 노려 공격하는데 매우 효과적이다. 단검무기형법도 봉무기형법과 같이 기본권법을 그대로 응용한 것으로 손에 단검을 쥔것 외로는 전혀 새로운 것이 없다. 따라서 기초기술을 처음부터 새롭게 배워야하는 부담은 없다. 이것이 경호무술체계의 특징 중 하나라고 할 수 있다.

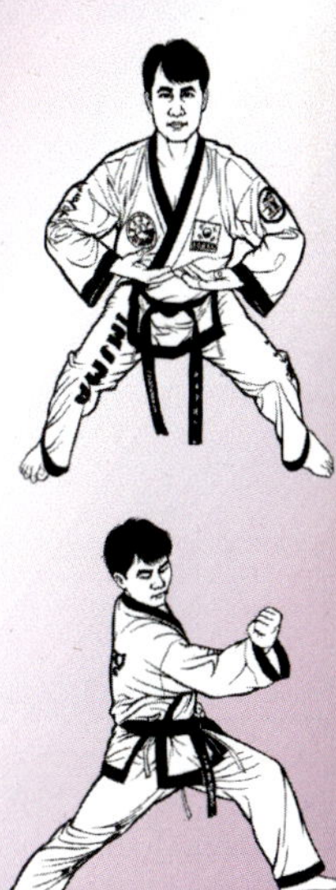

□ Explanation-2

이 자세는 상대의 정면(얼굴, 목, 가슴, 명치)을 겨냥하여 찌르기로 선제공격하는 동시에 측면으로 이어 상대방의 목이나 얼굴등을 베기자세로 공격하는 기술로서 신속 · 정확한 자세가 요구되는 기술이다. 물론 상대방은 사망 또는 치명상을 입을 수 있다.

273

2. 5번권법 (단검)

Start

3. 8번권법 (단검)

Start

275

(3) 중검 무기형법

중검은 30cm~80cm의 중 길이의 것으로 언제든지 사용하기 위하여 호신용으로 몸에 소지시 간편하다는 장점이 있으며 필요시에 중검 권무술을 이용하여 상대방에게 위협적인 무기술로 이용할 수 있다.

(4) 장검 무기형법

① 장검 무기형법 의의

장검은 80cm이상의 장 길이의 것으로 동시다수의 상대방에게 장검무기형법을 이용하여 상대할 수 있다는 장점이 있다.

옛부터 검의 종류는 다양한 문화와 민족에 따라 그리고 사용의 용도에 따라 다양하게 개발되어 만들어져 왔다. 그리고 또 오늘날에도 과거와 같이 변함없이 개발되어 새로운 검이 만들어지고 있다. 현재 과학기술의 발달로 첨단화된 살상무기가 수없이 만들어지고 있는 상황에서도 살상용 검은 지금도 그 필요 용도의 중요성에 의하여 변함없이 계속 만들어지고 있다.

과거와 다른 점이 있다면 철 주물의 기술발달로 더욱 정교하게 만들어지고 있으며, 철의 강도 또한 놀랄 만큼 강해졌다는 사실이다.

장검 막고, 찌르기, 치기자세

준비자세

내려쳐자세

수평 배 베어자세

대각평내려쳐자세(막기)

대각평올려쳐자세(막기)

상단찌르기자세

후면찌르기자세

반원뒷전환수평베어자세

좌상대각베어자세

277

상세위 붙여막기자세

정면내려쳐자세

몸통쳐막고
올려찌르기자세

하세위 붙여막기자세

상단견제자세

전환베기자세

수평찌르기자세

중단견제자세

② 장검 무기형법 설명 (예)

1. 1번권법 (장검)

Start

Explanation

　장검은 주로 베기에 용이하기 때문에 베기의 연속동작을 통해 동시다수의 상대를 대적하는데 매우 좋다. 그러나 장검은 길이가 길어 단점도 많은데 특히 장소가 협소할 경우에는 자유롭게 찌르거나 베기자세를 취할 수 없다. 따라서 허용되는 공간에 따라 자세를 축소하여 취하는 것이 필요하며 베기자세 보다는 찌르기에 주력하는 것이 좋다.

　물론 장소공간에 제약이 없는 경우에는 베는 자세가 유리하며 특히, 상대해야할 사람이 많은 경우에 보다 유리하다고 할 수 있다. 다만 베기자세는 찌르기 자세와 달리 상대의 역습기회가 많기 때문에 동작을 이어 연속적으로 자세를 취하는 것이 매우 중요하다.

2. 1번권법 (장검1)

Start

3. 1번권법 (장검2)

Start

4. 5번권법 (장검)

5. 7번권법 (장검)

Start

3) 띠줄 무기형법

띠줄 무기형법이란 평소 몸에 지니고 있거나 주변에서 얻을 수 있는 넥타이, 혁띠, 가방끈 또는 여러 재질의 줄을 급조하여 무기술로 이용하는 것을 말한다. 특별히 정해진 모양이나 재질을 가리지 않고 유연하면서도 끊어지지 않을 만한 강력을 갖고 있는 끈이나 줄이면 된다. 만약 급조한 무기를 보다 강력을 강하게 하려면 물에 적시는 것이 좋다. 훨씬 강력해진다. 그리고 띠줄 무기형법 자세 또한 기본권법 자세를 응용하여 실시한다.

Explanation

길이에 관계없이 인력강도가 강한 섬유나 가죽으로 된 혁띠, 수건, 넥타이 등을 무기로 급조시켜 공격과 방어를 효과적으로 할 수 있는 띠줄 권무술로 봉이나 칼과 다른 장점으로 이용될 수 있다. 또한 띠줄은 급조한 무기기술로 줄의 특성을 이용하는 것으로 사용의 장점을 살려 상대를 대적하는데 매우 유용하다.

9. 호위권무형법 실전의 예

권총손잡이로 상대방 손목치기

뒤꿈치원그려 돌려차기

호위특기 뒤차기

호위족장밀어차기

호위뒤꿈치원그려돌려차기

호위발등반달 내려찍어차기

호위족장밀어차기

호위밀치기

호위하단옆차기

호위업어치기

호위앞차기

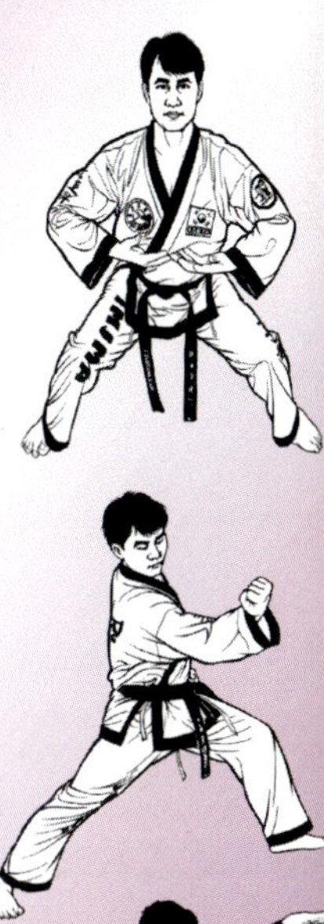

경호무술

호위막고치기

호위감아차기

호위밀치기

호위반누워옆차기

경호무술

호위 옆차기

호위중봉치기(삼단봉)

경호무술 용어해설

경호무술 : 자기 자신을 포함하여 경호 대상에 대하여 가해져 오는 공격으로부터 신체 및 생명을 보호해주는 호위호신무술.

경호 : 경호대상자의 신변에 직접 또는 간접적으로 가해지는 신체 및 생명 위협을 방지하고, 제거하기 위해 경호활동에 필요한 정보, 첩보수집 및 인원, 장비 운영을 통한 경계활동까지를 포함하여 경호대상의 안전을 도모하는 것.

무술 : 손 발등의 신체부위 또는 무기를 이용하여 신법, 두법, 수법, 족법, 무법 등으로 체계화된 공방기술로 수련하는 격투기술 .

경호대상자 : 일신상의 이유로 신변보호를 받아야할 대상으로 지정된 인물(사람).

경호환경 : 경호 대상에 대한 모든 위험요소로부터 안전 유무를 확인하고 필요한 대책을 통한 환경을 확보하는 것.

원복 : 무술원에서 입는 단체복(유니폼)

1. 호위권무형법 용어 해설

권법 : 맨손 주먹을 이용하는 기술.

수법 : 손을 이용하는 기술.

팔법 : 팔을 이용하는 기술.

두법 : 머리를 이용하는 기술.

신법 : 몸통을 이용하는 기술.

족법 : 발을 이용하는 기술.

무기법 : 무기를 이용하는 기술.

권수법 : 권과 손을 결합하여 사용하는 기술.

수팔법 : 손과 팔을 결합하여 사용하는 기술.

권수팔법 : 권, 손, 팔을 모두 결합 혼용하여 사용하는 기술.

수족법 : 권법과 족법을 결합 혼용한 기술.

기본권법 : 권수팔을 결합 혼용하여 기본 9가지로 구성된 권법기술.

권법1법 : 정권으로 명치 지르고 관수로 눈을 향해 원 그려 치기.

권법2법 : 하단 막고 전환 모지정권으로 관자놀이 치고 관수도로 눈을 향해 원 그려 치기.

권법3법 : 상단 막고 전환 모지정권으로 관자놀이 치고 관수도로 눈을 향해 원 그려 치기.

권법4번 : 상단 막고 전환 모지정권으로 관자놀이 치고 관수도로 눈을 향해 원 그려 치고 정권지르기.

권법5법 : 세수도로 천지 목치고 평수도로 수평목치고 전환 모지정권으로 관자놀이 치고 관수도로 눈을 향해 원 그려 치기.

권법6번 : 목 줄기 잡아당기기.

권법7번 : 좌우배수도로 목동맥 치고 면상 밀어치기.

권법8번 : 모지 중관절로 관자놀이 원 그려 치기.

권법9번 : 좌우후방 팔굽(팔꿈치)으로 명치치고 상단 평정권 치기.

호위권무형법수련단계 : 호위권무형법 수련체계를 유급 또는 유단 수련자의 수련기간과 수준에 따라 지도하고 익히는 과정.

전방권법 : 상대와 이격 거리가 먼 경우 전방(평전)스텝으로 간격을 좁혀 치는 권법기술.

복식권법 : 전후좌우로 2회 이상 연속적으로 기본권법을 취하는 기술.

전진권법 : 앞으로 같은 기본권법을 연속적으로 취하는 기술.

전진혼용권법 : 앞으로 다른 기본권법을 연속 2회 하는 기술.

좌우전진권법 : 앞으로 같은 기본권법을 좌우로 바꿔 연속 2회 혼용하는 기술.

좌우전진혼용권법 : 앞으로 다른 기본권법을 좌우로 바꿔 연속 2회 혼용하는 기술.

이방권법 : 전후, 전측, 좌우, 측후, 후측 등 두 방향으로 권법을 하는 기술.

전후권법 : 앞뒤로 같은 권법을 좌우로 바꿔 하는 기술.

전측권법 : 앞과 옆으로 같은 권법을 좌우로 바꿔 하는 기술.

좌우권법 : 오른쪽 왼쪽 옆으로 같은 권법으로 좌우로 바꿔 하는 기술.

전후혼용권법 : 앞뒤로 서로 다른 권법을 좌우로 바꿔 하는 기술.

전측혼용권법 : 앞과 옆으로 서로 다른 권법을 좌우로 바꿔 하는 기술.

좌우혼용권법 : 오른쪽 왼쪽 옆으로 서로 다른 권법을 좌우로 바꿔 하는 기술.

사방권법 : 전후좌우방향으로 같은 권법을 하는 기술.

사방혼용권법 : 전후좌우방향으로 서로 다른 권법을 하는 기술.

사방전방권법 : 전후좌우방향으로 전방권법을 하는 기술.

사방전진권법 : 전후좌방향으로 같은 권법을 연속 2회씩 하는 기술.

사방전진혼용권법 : 전후좌우방향으로 다른 권법을 연속 2회씩 하는 기술.

사방좌우전진권법 : 전후좌우방향으로 같은 권법을 좌우발을 바꿔 나아가며 연속 2회씩 하는 기술.

사방좌우전진혼용권법 : 전후좌우방향으로 다른 권법을 좌우발을 바꿔 나아가며 연속 2회식 하는 기술.

팔방권법 : 전후좌우 대각사방향 8개 방향으로 같은 권법을 구사하는 기술.

팔방혼용권법 : 전후좌우 대각사방향 8개 방향으로 서로 다른 권법을 구사하는 기술.

전방전진연결권법 : 앞으로 나가며 권법을 혼용하여 연속해서 하는 권법기술.

자유연결권법 : 다수의 적과 대치한 가상의 상황을 만들어 전후좌우방향과 전환선법을 이용한 권법을 연결하여 연속으로 하는 기술로 5연속, 10연속, 20연속 단계적으로 권법을 함.

응용권법: 기본권법 9가지를 실전에 맞도록 변형하는 기술

수족형법 : 기본권법을 하고 발차기.

족수족법(발권발법) : 앞으로 발차고 기본권법 하고 발차기.

수족전후처치법 : 앞으로 기본권법 하고 뒤로 발차기.

족수전후처치법 : 앞으로 발차기하고 뒤로 기본권법.

수족전측처치법 : 앞으로 기본권법 하고 옆으로 발차기.

족수전측처치법 : 앞으로 발차기하고 옆으로 기본권법.

전후수족형법 : 앞으로 기본권법 하고 발차고 이어 뒤로 기본권법 하고 발차기.

전후족수형법 : 앞으로 발차고 기본권법 하고 이어 뒤로 발차고 기본권법.

수족수법 : 앞으로 기본권법 하고 발차고 다시 기본권법 하기.

족수족법 : 앞으로 발차고 기본권법 하고 다시 발차기.

전후수족수법 : 앞으로 기본권법하고 발차고 다시 기본권법 뒤로 기본권법하고 발차고 다시 기본권법.

전후족수족법 : 앞으로 발차고 기본권법 하고 다시 발차기 뒤로 발차고 기본권법 하고 다시 발차기.

사방수족(족수)형법 : 전후좌우 각 방향으로 기본권법하고 발차기(발차기하고 권법)를 이어 하는 기술.

팔방전진수족(족수)형법 : 전후좌우 그리고 대각사방 각 방향으로 기본권법하고 발차기 (발차기하고 권법)를 이어 하는 기술.

전방전진연결수족형법 : 앞으로 나가며 수족법을 혼용하여 연속해서 하는 수족형법기술.

자유연결수족형법 : 다수의 적과 대치한 가상의 상황을 만들어 전후좌우방향과 전환 선법을 이용한 수족형법을 연결하여 연속으로 하는 기술로 5연속, 10연속, 20연속 단계적으로 기본권법을 함.

무기형법 : 기본권법자세를 이용해 봉, 검 또는 기타 무기를 이용해 권법에 결합 혼용한 기술로서 전방, 전진, 좌우전진, 이방, 사방, 팔방 권법대로 무기형법 기술로 수련 할 수 있음.

단봉형법 : 기본권법자세를 이용해 단봉을 한손에 쥐고 기본권법으로 하는 기술.

중봉형법 : 기본권법자세를 이용해 중봉을 한손에 쥐고 기본권법으로 하는 기술.

장봉형법 : 기본권법자세를 이용해 장봉을 한손 또는 양손으로 쥐고 기본권법으로 하는 기술.

쌍봉형법 : 기본권법자세를 이용해 양손에 단봉 또는 중봉을 쥐고 기본권법으로 하는 기술.

단검형법 : 기본권법자세를 이용해 단검을 한손에 쥐고 기본권법으로 하는 기술.

중검형법 : 기본권법자세를 이용해 단검을 한손에 쥐고 기본권법으로 하는 기술.

장검형법 : 기본권법자세를 이용해 장검을 한손 또는 양손으로 쥐고 기본권법으로 하는 기술.

쌍검형법 : 기본권법자세를 이용해 양손에 단검, 중검, 장검을 쥐고 기본권법으로 하는 기술.

급조무기형법 : 기본권법자세를 이용해 주변에 있는 도구를 무기로 활용하여 권법에 결합 혼용한 기술.

전방전진연결무기형법 : 기본권법자세를 이용해 앞으로 나가며 무기형법을 혼용하여 연속해서 하는 무기형법기술.

자유연결무기형법 : 기본권법자세를 이용해 다수의 적과 대치한 가상의 상황을 만들어 전후좌우방향과 전환선법을 이용한 무기형법을 연결하여 연속으로 하는 기술로 5연속, 10연속, 20연속 단계적으로 무기형법을 함.]

무기 : 사람을 살상하는 용도로 사용하는 칼, 검, 창, 총 등.

칼 : 금속성 재질로 된 무기. 베거나 찌를 때 사용.

검 : 금속성 재질로 된 전통무기. 베거나 찌를 때 사용.

도 : 금속성 재질로 된 전무무기 . 주로 찌르기 용으로 양날이 서 있음.

단도 : 던져 찌를 수 있도록 짧고 작게 만든 한날 칼

칼종류 : 한날검, 양날도

칼 크기종류 : 단검, 중검, 장검

진검 : 금속성 재질로 날을 세운 칼 무기

목검 : 나무 재질로 진검모양으로 만든 수련검

죽검 : 대나무 재질로 칼처럼 만든 수련검

단봉 : 30cm 내의 짧은 봉.

중봉 : 100cm 내외의 봉.

장봉 : 160cm 내외의 긴 봉.

삼단봉 : 금속제로 제작되어 3단으로 펼쳐진 60cm내외의 봉.

단검 : 30cm 내의 검.

중검(소도) : 50cm~60cm 내의 검.

장검 : 90cm 이상의 검.

봉 : 무술수련을 위해 사용되는 도구

봉의크기 : 단봉, 중봉, 장봉.

봉종류 : 원봉.각봉.이단봉,삼단봉

봉의재질 : 목(나무).금(철).플라스틱

곤봉 : 짤막한 나무로 만든 무기 쌍절곤. 삼절곤

일수봉잡기법 : 정권을 쥐듯이 하여 봉을 감싸 잡는 기술로서 이때 엄지를 검지위로
    올려 견고히 함.

양수봉잡기법 : 양손을 위 아래로 교차하여 정권 쥐듯이 하여 봉을 감싸 잡는 기술
    로서 이때 엄지를 검지위로 올려 견고히 함. 봉 한쪽 끝부분을 잡는 법, 봉 양
    끝을 잡는 법, 장봉의 경우 한쪽 끝 부분과 3/1 또는 2/1 부분을 잡는 법.

쌍봉잡기법 : 양쪽 손에 각각 정권 쥐듯이 봉을 감싸 잡는 기술.

세쥔단봉 : 단봉을 끝이 위로 하게하여 봉 하단을 세정권처럼 쥐어 잡는 기술.

아래세쥔단봉 : 단봉의 끝이 아래로 하게하여 봉 상단 세정권처럼 쥐어 잡는 기술.

중쥔단봉 : 단봉의 정중앙을 쥐어 잡는 기술.

세쥔중봉 : 중봉의 끝이 위로 하게하여 봉 하단을 세정권처럼 쥐어 잡는 기술.

아래세쥔중봉 : 중봉의 끝이 아래로 하게하여 봉 상단을 세정권처럼 쥐어 잡는 기술.

양세쥔중봉 : 중봉의 끝이 위로 하게하여 봉 하단을 양손으로 위아래 교차하여 쥐어
    잡는 기술.

중쥔중봉 : 한손으로 중봉의 정중앙을 쥐어 잡는 기술.

양중쥔중봉 : 중봉의 정중앙을 양손으로 쥐어 잡는 기술.

양평중줜중봉 : 손등이 위로 중봉의 정중앙을 양손으로 쥐어 잡는 기술.

양배중줜중봉 : 손바닥이 위로 중봉의 정중앙을 양손으로 쥐어 잡는 기술.

양세중줜중봉 : 중봉을 세워 정중앙을 양손으로 위아래 교차하여 쥐어 잡는 기술.

양끝줜붕봉 : 중봉의 양쪽 끝단을 양손으로 쥐어 잡는 기술.

세줜삼단봉 : 삼단봉 끝이 위로 하게하여 손잡이를 세정권처럼 쥐어 잡는 기술.

아래세줜단봉 : 삼단봉의 끝이 아래로 하게하여 손잡이를 세정권처럼 쥐어 잡는 기술.

양끝줜삼단봉 : 삼단봉 손잡이와 끝을 양손으로 쥐어 잡는 기술.

중줜장봉 : 한손으로 장봉의 정중앙을 쥐어 잡는 기술.

끝중줜장봉 : 장봉 끝을 위로 하고 한손으로 봉 하단을 쥐어 잡고 다른 한손으로 봉 정중앙을 쥐어 잡는 기술. 교차하여 잡을 수 있음.

양세중줜단봉 : 장봉의 중앙을 양손으로 교차하여 쥐어 잡는 기술.

삼단중줜장봉 : 장봉을 3등분하여 중앙을 너비 60cm정도로 양손으로 쥐어 잡는 기술.

삼단세중줜장봉 : 장봉을 3등분하여 중앙을 너비 60cm정도로 양손으로 교차하여 쥐어 잡는 기술.

삼단세줜장봉 : 장봉 끝을 위로 하여 한손으로 봉 하단을 쥐어 잡고 다른 한손으로 하단 3/1 지점을 쥐어 잡는 기술.

양세줜장봉 : 봉의 끝을 양손으로 교차하여 쥐어 잡는 기술.

쌍세줜봉 : 쌍 단봉 및 중봉의 끝을 한손에 하나씩 세정권처럼 쥐어 잡는 기술.

아래쌍세줜봉 : 봉 끝이 아래로 하게 하여 쌍 단, 중봉의 위쪽 끝을 한손에 하나씩 세정권처럼 쥐어 잡는 기술.

일수검잡기법 : 검 손잡이를 정권을 쥐듯이 하여 감싸 잡는 기술로서 이때 엄지를 검지위로 올려 견고히 함.

양수봉잡기법 : 검 손잡이를 양손을 위 아래로 교차하여 정권 쥐듯이 하여 감싸 잡는 기술로서 이때 쥔 양손의 엄지를 검지위로 올려 견고히 함.

쌍검잡기법 : 양쪽 손으로 각각 검 손잡이를 쥐듯이 봉을 감싸 잡는 기술.

세줜단검 : 단검의 끝날이 위로 하게하여 손잡이를 세정권처럼 쥐어 잡는 기술.

아래세줜단검 : 단검의 끝날이 아래로 하게하여 손잡이를 세정권처럼 쥐어 잡는 기술.

세줜중검 : 중검의 끝날이 위로 하게하여 손잡이를 세정권처럼 쥐어 잡는 기술.

아래세줜중검 : 중검의 끝날이 아래로 하게하여 손잡이를 세정권처럼 쥐어 잡는 기술.

양세줜중검 : 중검의 끝날이 위로 하게하여 손잡이를 양손으로 위아래 교차하여 쥐어 잡는 기술.

아래양세줜중검 : 중검의 끝날이 아래로 하게 하여 손잡이를 양손으로 위아래 교차하여 쥐어 잡는 기술.

세줜장검 : 장검의 끝날이 위로 하게하여 손잡이를 세정권처럼 쥐어 잡는 기술

아래세줜장검 : 장검의 끝날이 아래로 하게하여 손잡이를 세정권처럼 쥐어 잡는 기술.

양세줜장검 : 장중검의 끝날이 위로 하게하여 손잡이를 양손으로 위아래 교차하여 쥐어 잡는 기술.

아래양세쥔장검 : 장중검의 끝날이 아래로 하게 하여 손잡이를 양손으로 위아래 교
　　차하여 쥐어 잡는 기술.
쌍세쥔검 : 쌍 단, 중, 장검의 손잡이를 한손에 하나씩 세정권처럼 쥐어 잡는 기술.
아래쌍세쥔검 : 검날의 끝이 아래로 하게 하여 쌍 단, 중, 장검의 손잡이를 한손에
　　하나씩 세정권처럼 쥐어 잡는 기술.
무기방어자세 : 봉 또는 검으로 상대 수족 및 무기로 공격할 경우 공격방향과 높낮
　　이에 따라 막아내는 수련하는 기술을 말함.
일수무기견제자세 : 한손에 무기를 쥐고 견제하여 상대편이 자유롭게 공격이나 행
　　동을 하지 못하게 하는 작용을 하는 기술. 전후좌우방향과 상중하 높낮이로 견
　　제하며 공방 발(다리) 서기자세를 혼용하여 기본, 혼용, 응용 견제자세를 취하는
　　기술.
정봉견제자세 : 한손은 정권 다른 한손은 봉을 든 견제자세로 상팔, 중팔, 하팔 자
　　세로 견제하는 기술.
봉정견제자세 : 한손은 봉을 들고 다른 한손은 정권을 쥔 견제자세로 상팔, 중팔,
　　하팔 자세로 견제하는 기술.
도봉견제자세 : 한손은 수도 다른 한손은 봉을 든 견제자세로 상팔, 중팔, 하팔 자
　　세로 견제하는 기술.
봉도견제자세 : 한손은 봉을 들고 다른 한손은 수도로 견제하는 자세로 상팔, 중팔,
　　하팔 자세를 취하는 기술.
정검견제자세 : 한손은 정권 다른 한손은 검을 든 견제자세로 상팔, 중팔, 하팔 자세로
　　견제하는 기술.
검정견제자세 : 한손은 검을 들고 다른 한손은 정권을 쥔 견제자세로 상팔, 중팔,
　　하팔 자세로 견제하는 기술.
도검견제자세 : 한손은 수도 다른 한손은 검을 든 견제자세로 상팔, 중팔, 하팔 자
　　세로 견제하는 기술.
검도견제자세 : 한손은 검을 들고 다른 한손은 수도로 견제하는 자세로 상팔, 중팔,
　　하팔 자세로 견제하는 기술.
양수무기견제자세 : 한손에 각각 무기를 쥐거나 양손으로 무기를 쥐고 견제하여 상대
　　편이 자유롭게 공격이나 행동을 하지 못하게 하는 작용을 하는 자세. 전후좌우
　　방향과 상중하 높낮이로 견제하며 공방 발(다리) 서기자세를 혼용하여 기본, 혼용,
　　응용 견제자세를 취하는 기술.
무기상팔견제자세 : 양손에 무기를 쥐고 한손은 상대 눈높이로 올리고 다른 한손은
　　어깨 높이로 올려 견제하는 기술.
무기중팔견제자세 : 양손에 무기를 쥐고 한손은 어깨 높이로 올리고 다른 한손은
　　가슴 높이로 올려 견제하는 기술.
무기하팔견제자세 : 양손에 무기를 쥐고 한손은 허리 높이로 올리고 다른 한손은
　　명치 높이로 올려 견제하는 기술.

양세쥔검상단자세 : 양손으로 검의 손잡이를 잡고 검날 끝이 정면 또는 내외 대각으로 칼끝의 높이가 상대 눈높이에 위치하게 선자세로 수직 또는 대각으로 내려 밸 수 있는 자세. 무릎반평자세, 반앞굽이자세, 반뒷굽이자세를 취함.

양세쥔검중단자세 : 양손으로 검의 손잡이를 잡고 검날 끝이 정면 또는 내외 대각으로 칼끝의 높이가 상대 허리높이에 위치하게 선자세로 수직 또는 대각으로 내려 배거나 올려 베고 수평으로 돌려 밸 수 있는 자세. 무릎반평자세, 반앞굽이자세, 반뒷굽이자세를 취함.

양세쥔검하단자세 : 양손으로 검의 손잡이를 잡고 검날 끝이 정면 또는 내외 대각으로 칼끝의 높이가 상대 무릎높이에 위치하게 선자세로 수직 또는 대각으로 올려 밸 수 있는 자세. 무릎반평자세, 반앞굽이자세, 반뒷굽이자세를 취함.

뒤양세쥔검상단자세 : 양손을 머리 위로 올려 검날 끝이 뒤로 또는 뒤 내외 대각으로 향하게 선자세로 수직 또는 대각으로 내려 밸 수 있는 자세. 무릎반평자세, 반앞굽이자세, 반뒷굽이자세를 취함.

뒤양세쥔검중단자세 : 양손으로 쥔 검날 끝이 허리높이로 뒤쪽 내외로 향하게 선자세로 수평으로 돌려 베고 대각으로 내려베거나 또는 올려 밸 수 있는 자세. 무릎반평자세, 반앞굽이자세, 반뒷굽이자세를 취함.

뒤양세쥔검하단자세 : 양손으로 쥔 검날 끝이 무릎높이로 뒤쪽 내외로 향하게 선자세로 대각으로 올려 밸 수 있는 자세. 무릎반평자세, 반앞굽이자세, 반뒷굽이자세를 취함.

무기방어자세 : 봉 또는 검으로 상대 수족 및 무기로 공격할 경우 공격의 방향과 높낮이에 따라 막아내는 수련하는 기술을 말함.

일수무기막기법 : 한손에 쥔 단봉 및 단검, 중봉(삼단봉) 및 중검을 공격의 방향과 높낮이에 맞춰 막아 내는 기술.

상단무기막기(A, B) : 단봉 또는 중봉 및 단검 또는 중검을 머리 위로 들어 올려 수평으로 막는 기술. A:손바닥이 앞으로 B:손등이 앞으로

중단무기막기(A, B) : 단봉 또는 중봉 및 단검 또는 중검을 몸통 중앙에 세워 막는 기술. B:몸통 밖으로 벌려 세워 막는 기술.

하단무기막기 : 단봉 또는 중봉 및 단검 또는 중검을 허리 높이에 수평으로 막는 기술.

아래무기막기(A, B) : 단봉 또는 중봉 및 단검 또는 중검을 무릎 높이로 봉끝이 아래로 향하게 세워 막는 기술. A:손등이 앞으로 B:손바닥이 앞으로.

아래세쥔무기상단막기 : 단봉 또는 중봉 및 단검 또는 중검을 수팔에 밀착해 팔을 머리 위로 올려 막는 기술.

아래세쥔무기중단막기(A, B) : 단봉 또는 중봉 및 단검 또는 중검을 수팔에 밀착해 팔꿈치가 명치에 오게 몸통 중앙으로 넣어 막는 기술. B:몸통 밖으로 벌려 세워 막는 기술.

아래세쥔무기하단막기 : 단봉 또는 중봉 및 단검 또는 중검을 수팔에 밀착해 허리 높이에 수평으로 막는 기술.

아래세쥔무기아래막기 : 단봉 또는 중봉 및 단검 또는 중검의 끝이 아래로 향하게

허리 아래 높이에 세워 막는 기술.

양수무기막기법 : 양손으로 중봉의 양끝 장봉의 중간을 잡거나 중검 또는 장검의 양끝을 잡거나 받쳐 공격의 방향과 높낮이에 맞춰 막아 내는 기술.

양수상단무기막기 : 양손으로 중봉의 양끝 장봉의 중간을 잡거나 중검 또는 장검의 양끝을 잡거나 받쳐 머리 위로 올려 막는 기술.

양수중단무기막기 : 양손으로 중봉의 양끝 장봉의 중간을 잡거나 중검 또는 장검의 양끝을 잡거나 받쳐 몸통(가슴) 높이로 올려 막는 기술.

양수세워무기막기 : 양손으로 중봉의 양끝 장봉의 중간을 잡거나 중검 또는 장검의 양끝을 잡거나 받쳐 한손은 눈높이 한손은 허리높이로 해 세워 막는 기술.

양수하단무기막기 : 양손으로 중봉의 양끝 장봉의 중간을 잡거나 중검 또는 장검의 양끝을 잡거나 받쳐 허리 높이로 막는 기술.

쌍무기막기법 : 양손에 쥔 단봉 및 중봉(삼단봉), 단검 및 중검을 공격의 방향과 높낮이에 맞춰 막아 내는 기술.

쌍무기상단막기(AB) : 양손에 쥔 무기의 끝이 머리 정면위로 향하게 대각으로 들어 올려 막는 기술. B-무기의 끝이 바깥 위로 향하게 대각으로 들어 막는 기술.

쌍무기중단막기(AB) : 양손에 쥔 무기를 양수중단막기 처럼 무기의 양끝이 얼굴높이로 나란히 정면을 향하게 해 막는 기술. B-양손을 좌우 양옆으로 벌려 막는 기술.

쌍무기하단막기 : 양손에 쥔 무기를 양손등이 앞으로 보이게 나란히 허리높이까지 안쪽으로 대각 내려 막는 기술.

쌍무기아래막기 : 양손에 쥔 무기를 양손등이 앞으로 보이게 하고 무기의 양끝이 양 무릎아래 바깥으로 나가게 대각으로 내려 막는 기술.

쌍무기상단교차막기 : 양손에 쥔 무기를 머리 위로 교차되게 하여 막는 기술.

쌍무기중단교차막기 : 양손에 쥔 무기를 가슴 높이로 교차되게 하여 막는 기술.

쌍무기하단교차막기 : 양손에 쥔 무기를 허리 높이로 교차되게 하여 막는 기술.

장검올려좌상단막기(A, B) : 양손으로 쥔 장검을 머리 위로 올려 검끝이 좌측 대각 위로 향하게 막는 기술. B:검끝이 좌측 대각 아래로 향하게 막는 기술.

장검올려우상단막기(A, B) : 양손으로 쥔 장검을 머리 위로 올려 검끝이 우측 대각 위로 향하게 막는 기술. B:검끝이 우측 대각 아래로 향하게 막는 기술.

장검올려좌측막기 : 양손으로 쥔 장검을 머리 위로 올리고 검등을 왼팔 상완근(삼두근, 이두근사이 외측)부위에 붙여 검끝이 아래쪽으로 향하게 수직으로 세워 얼굴, 몸통을 막는 기술.

장검올려우측단막기 : 양손으로 쥔 장검을 머리 위로 올리고 검등을 오른팔 상완근(삼두근,이두근사이 외측)부위에 붙여 검끝이 아래쪽으로 향하게 수직으로 세워 얼굴, 몸통을 막는 기술.

장검좌중단막기 : 양손을 왼쪽 허리 높이로 올려 검끝이 위로 향하게 사선으로 세워 막는 기술.

장검우중단막기 : 양손을 오른쪽 허리 높이로 들어 검끝이 위로 향하게 사선으로

세워 막는 기술.

장검하단막기 : 양손으로 쥔 장검을 허리 높이로 들어 검끝이 아래로 향하게 사선으로 세워 막는 기술.

장봉상단막기 : 한손으로 봉끝을 잡고 다른 손으로 3/1위치에 잡아 봉 끝이 상대 눈높이로 오게 중앙 오른쪽 왼쪽으로 막는 기술.

장봉중단막기 : 한손으로 봉끝을 잡고 다른 손으로 3/1위치에 잡아 봉 끝이 허리높이로 오게 중앙 오른쪽 왼쪽으로 막는 기술.

장봉하단막기 : 한손으로 봉끝을 잡고 다른 손으로 3/1위치에 잡아 봉 끝이 상대 무릎높이로 오게 중앙 오른쪽 왼쪽으로 막는 기술.

무기단식막기 : 한번 막기.

무기복식막기 : 두 번 막기.

무기혼용복식막기 : 두가지 막기술을 한번씩 연결해 막고 막기로 두 번 막는 기술.

무기좌우복식막기 : 좌우로 한번씩 두 번 막기.

무기좌우혼용복식막기 : 두가지 막기술을 좌우로 한번씩 연결해 막고 막기로 두번 막는 기술.

쌍무기일수단식막기 : 한손에든 무기를 한번 막고 다른 한손의 무기는 막지 않는 기술.

쌍무기단식막기 : 양손에 쥔 무기를 동시에 한번 막기.

쌍무기복식막기 : 양손에 쥔 무기를 동시에 두번 막기로서 동일막기를 높낮이를 조절해 막을 수도 있음.

쌍무기혼용복식막기 : 양손에 쥔 무기를 동시에 한번막고 다른 막기술로 동시에 한번 막는 기술로서 높낮이를 조절 해 막을 수도 있음.

쌍무기좌우복식막기 : 양손에 쥔 무기를 한손 무기 막고 다른 손무기 막기.

쌍무기좌우혼용복식막기 : 양손에 쥔 무기를 한손 무기 막고 다른 손 무기로 다른 막기술로 막기.

무기연결막기 : 봉 또는 검 막기를 처음부터 마지막 순서까지 모두 연결해서 막는 기술.

전환선법무기막기 : 전환선법을 혼용하여 무기 막기자세를 수련함.

무기공격자세 : 봉 또는 검으로 공격 방향과 높낮이를 조절하여 치기, 찌르기, 베기 공격법을 수련하는 기술을 말함.

봉치기 : 단봉, 삼단봉, 중봉, 장봉으로 공격 방향과 높낮이를 조절 하여 가격기술.

상단내려치기 : 한손 또는 양손으로 쥔 봉을 위에서 아래로 수직으로 강하게 머리 위를 내려치는 기술.

중단내려치기 : 한손 또는 양손으로 쥔 봉을 위에서 아래로 수직으로 강하게 가슴 (양어깨)높이를 내려치는 기술.

하단내려치기 : 한손 또는 양손으로 쥔 봉을 위에서 아래로 수직으로 강하게 허리 높이를 내려치는 기술.

상단대각내려치기 : 한손 또는 양손으로 쥔 봉을 머리와 목동맥을 향해 좌우측면 위에서 사선으로 강하게 내려치는 기술. 세부용어:평대각상단내려치기, 배대각

상단내려치기.

상단대각올려치기 : 한손 또는 양손으로 쥔 봉을 머리와 목동맥을 향해 좌우측면 아래서 사선으로 강하게 올려 치는 기술. 세부용어:평대각상단올려치기, 배대각 상단올려치기.

중단수평돌려치기 : 한손 또는 양손으로 쥔 봉을 가슴, 몸통, 양팔을 향해 좌우측면 에서 수평으로 강하게 돌려 치는 기술. 세부용어:평수평치기, 배수평치기

평원그려치기 : 봉을 쥔 손을 왼쪽 뒤에서 오른쪽 뒤까지 손등을 위로 하여 360° 원을 그려(관수 눈 원그려치기와 동일선) 유선으로 돌려 치는 기술.

배원그려치기 : 봉을 쥔 손을 오른쪽 뒤에서 왼쪽 뒤까지 손바닥을 위로 하여 360° 원을 그려 유선으로 돌려 치는 기술.

중단대각올려치기 : 한손 또는 양손으로 쥔 봉을 가슴, 몸통, 양팔을 향해 좌우측면 아래서 사선으로 강하게 올려 치는 기술. 세부용어:평대각중단올려치기, 배대각 중단올려치기.

하단대각내려치기 : 한손 또는 양손으로 쥔 봉을 허리, 손목을 향해 좌우측면 위에서 사선으로 강하게 내려치는 기술. 세부용어:평대각하단내려치기, 배대각하단내려 치기.

아래대각내려치기 : 한손 또는 양손으로 쥔 봉을 허벅지, 무릎, 정강이를 향해 좌우 측면 위에서 사선으로 강하게 내려치는 기술. 세부용어:평대각아래내려치기, 배대 각아래내려치기.

봉찌르기 : 단봉, 삼단봉, 중봉, 장봉으로 공격 방향과 높낮이를 조절하여 급소를 찌르는 찌르기 기술.

상단봉찌르기 : 한손 또는 양손으로 쥔 봉의 윗 끝부분을 얼굴 또는 목을 향해 팔을 정면으로 펴 찌르는 기술. 세부용어:평찌르기, 배찌르기, 세찌르기.

중단봉찌르기 : 한손 또는 양손으로 쥔 봉의 윗 끝부분을 가슴, 명치를 향해 팔을 정면으로 펴 찌르는 기술. 세부용어:평찌르기, 배찌르기, 세찌르기.

하단봉찌르기 : 한손 또는 양손으로 쥔 봉의 윗 끝부분을 아랫배, 치골, 낭심을 향해 팔을 정면으로 펴 찌르는 기술. 세부용어:평찌르기, 배찌르기, 세찌르기.

아래봉찌르기 : 한손 또는 양손으로 쥔 봉의 윗 끝부분을 허벅지, 무릎을 향해 팔을 정면으로 펴 찌르는 기술. 세부용어:평찌르기, 배찌르기, 세찌르기.

봉찍기 : 단봉, 삼단봉, 종봉, 장봉을 쥔 부위의 끝으로 공격 방향과 높낮이를 조절 하여 급소 및 골격을 찍듯이 쳐 가격 하는 치기술.

상단세봉찍기 : 한손 또는 양손으로 세쥔 봉끝을 머리 및 얼굴을 향해 위에서 아래로 내려찍어 치는 기술.

중단세봉찍기 : 한손 또는 양손으로 세쥔 봉끝을 양어깨, 가슴, 명치를 향해 위에서 아래로 내려찍어 치는 기술.

하단세봉찍기 : 한손 또는 양손으로 세쥔 봉끝을 허리 및 치골을 향해 위에서 아래로 내려찍어 치는 기술.

아래세봉찍기 : 한손 또는 양손으로 세쥔 봉끝을 허벅지, 무릎, 발등을 향해 위에서 아래로 내려찍어 치는 기술.

상단대각봉내려찍기 : 한손 또는 양손으로 쥔 봉끝을 얼굴과 목동맥을 향해 좌우측면 위에서 사선으로 강하게 내려찍어 치는 기술. 세부용어:평대각상단내려찍기, 배대각상단내려찍기.

상단대각봉올려찍기 : 한손 또는 양손으로 쥔 봉끝을 얼굴과 목동맥을 향해 좌우측면 아래에서 사선으로 강하게 올려 찍어 치는 기술. 세부용어:평대각상단올려찍기, 배대각상단올려찍기.

중단수평봉돌려찍기 : 한손 또는 양손으로 쥔 봉끝을 가슴, 몸통, 양팔을 향해 좌우 측면 수평으로 강하게 돌려찍어 치는 기술. 세부용어:평수평찍기, 배수평찍기.

중단대각봉올려찍기 : 한손 또는 양손으로 쥔 봉끝을 가슴, 몸통, 양팔을 향해 좌우 측면 아래에서 사선으로 강하게 올려찍어 치는 기술. 세부용어:평대각중단올려찍기, 배대각중단올려찍기.

하단대각봉내려찍기 : 한손 또는 양손으로 쥔 봉끝을 허리, 손목을 향해 좌우측면 위에서 사선으로 강하게 내려찍어 치는 기술. 세부용어:평대각하단내려찍기, 배대각하단내려찍기.

아래대각봉내려찍기 : 한손 또는 양손으로 쥔 봉끝을 허벅지, 무릎, 정강이를 향해 좌우측면 위에서 사선으로 강하게 내려찍어 치는 기술. 세부용어:평대각아래내려찍기, 배대각아래내려찍기.

검베기술 : 단봉, 중검, 장검의 날로 공격 방향과 높낮이를 조절하여 직선, 사선, 유선으로 베는 베기술

평베기 : 손등이 위로 향하게 하여 수평 및 사선, 유선으로 돌려, 내려 또는 올려 베는 베기술. 양손으로 쥔 경우 검 손잡이 위쪽에 쥔 손을 기준함.

배베기 : 손바닥이 위로 향하게 하여 수평 및 사선, 유선으로 돌려, 내려 또는 올려 베는 베기술. 양손으로 쥔 경우 검 손잡이 위쪽에 쥔 손을 기준함.

세베기 : 검을 쥔 손의 엄지와 검지가 위로 향하게 하여 수직으로 내려 베는 기술.

상단세내려베기 : 검을 머리위로 들어 올린 상태에서 상대 눈높이까지 강하게 수직으로 내려 베는 기술.

중단세내려베기 : 검을 머리위로 들어 올린 상태에서 상대 명치 높이까지 강하게 수직으로 내려 베는 기술.

하단세내려베기 : 검을 머리위로 들어 올린 상태에서 상대 허리 높이까지 강하게 수직으로 내려 베는 기술.

아래세내려베기 : 검을 머리위로 들어 올린 상태에서 상대 무릎 높이까지 강하게 수직으로 내려 베는 기술.

평수평베기 : 검을 왼쪽에서 오른쪽(오른손 이거나 양손인 경우 오른손이 위쪽 손잡이에 있을 때)으로 수평이 되게 직선, 유선으로 베는 베기술.

상단평수평베기 : 목 높이를 베는 기술.

중단평수평베기 : 가슴 높이를 베는 기술.

하단평수평베기 : 자세를 낮춘 상태에서 허리 높이를 베는 기술.

아래평수평베기 : 자세를 최대한 낮게 낮춘 상태에서 무릎 높이를 베는 기술.

평원그려베기 : 검을 쥔 손을 왼쪽 뒤에서 오른쪽 뒤까지 손등을 위로 하여 360°
　　원을 그려(관수 눈 원그려치기와 동일선) 유선으로 베는 기술.

배원그려베기 : 검을 쥔 손을 오른쪽 뒤에서 왼쪽 뒤까지 손바닥을 위로 하여 360°
　　원을 그려 유선으로 베는 기술.

대각평내려베기 : 검을 쥔 손등을 위로 하여 위에서 무릎아래까지 사선으로 내려
　　베는 기술.

상단대각평내려베기 : 위에서 아래 사선(좌에서 우)으로 목 높이를 내려 베는 기술.

중단대각평내려베기 : 위에서 아래 사선(좌에서 우)으로 가슴 높이를 내려 베는 기술.

하단대각평내려베기 : 위에서 아래 사선(좌에서 우)으로 허리 높이를 내려 베는 기술.

대각평올려베기 : 검을 쥔 손등을 위로 하여 아래에서 머리 위까지 사선으로 올려
　　베는 기술.

상단대각평올려베기 : 아래서 위사선(좌에서 우)으로 목 높이로 올려 베는 기술.

중단대각평올려베기 : 아래서 위사선(좌에서 우)으로 가슴 높이로 올려 베는 기술.

하단대각평올려베기 : 아래서 위사선(좌에서 우)으로 허리 높이로 올려 베는 기술.

대각배내려베기 : 검을 쥔 손바닥을 위로 하여 위에서 무릎아래까지 사선으로 내려
　　베는 기술.

상단대각배내려베기 : 위에서 아래사선(우에서 좌)으로 목 높이를 내려 베는 기술.

중단대각배내려베기 : 위에서 아래사선(우에서 좌)으로 가슴 높이를 내려 베는 기술.

하단대각배내려베기 : 위에서 아래사선(우에서 좌)으로 허리 높이를 내려 베는 기술.

대각배올려베기 : 검을 쥔 손바닥을 위로 하여 아래에서 머리 위까지 사선으로 올려
　　베는 기술.

상단대각배올려베기 : 아래서 위사선(우에서 좌)으로 목 높이로 올려 베는 기술.

중단대각배올려베기 : 아래서 위사선(우에서 좌)으로 가슴 높이로 올려 베는 기술.

하단대각배올려베기 : 아래서 위사선(우에서 좌)으로 허리 높이로 올려 베는 기술.

아래세쥔검베기 : 검 끝이 아래로 향하게 거꾸로 잡은 검으로 직선, 사선, 유선으로
　　베는 베기술.

아래세쥔검올려베기 : 검을 아래에서 위로 수직 직선으로 올려 베는 기술.

아래세쥔검내려베기 : 손목을 180° 회전시켜 칼끝이 위로 향하게 하여 위에서 아래로
　　수직 직선으로 내려 베는 기술.

아래세쥔검평수평베기 : 검을 쥔 손등을 위로 하여 수평, 유선으로 돌려(우에서 좌)
　　베는 기술.

아래세쥔검배수평베기 : 검을 쥔 손바닥을 위로 하여 수평, 유선으로 돌려(좌에서 우)
　　베는 기술.

아래세쥔검평원그려베기 : 검을 쥔 손을 오른쪽 뒤에서 왼쪽 뒤까지 손등을 위로

하여 360° 원을 그려 유선으로 베는 기술.

아래세쥔검배원그려베기 : 검을 쥔 손을 왼쪽 뒤에서 오른쪽 뒤까지 손바닥을 위로 하여 360° 원을 그려 유선으로 베는 기술.

아래세쥔검대각평올려베기 : 검을 쥔 손등을 위로 하여 아래에서 위로 사선(우에서 좌) 으로 올려 베는 기술.

아래세쥔검대각평내려베기 : 손목을 135° 회전시켜 위에서 아래 사선(우에서 좌)으로 내려 베는 기술.

아래세쥔검대각배올려베기 : 검을 쥔 손바닥을 위로 하여 아래에서 위로 사선(좌에서 우) 으로 올려 베는 기술.

아래세쥔검대각배내려베기 : 손목을 135° 회전시켜 위에서 아래 사선(좌에서 우)으로 내려 베는 기술.

검찌르기 : 단검, 중검, 장검의 검 끝으로 공격 방향과 높낮이를 조절하여 급소를 찌르는 찌르기 기술로서 봉무기 찌르기의 용어 및 용법을 그대로 검무기 찌르기 용어 및 용법으로 사용함.

상단검찌르기 : 한손 또는 양손으로 쥔 검을 얼굴 또는 목을 향해 팔을 정면으로 펴 찌르는 검찌르기기술.

상단검세찌르기 : 얼굴, 목을 향해 정면으로 팔을 펴 찌르기.

상단검평찌르기 : 검끝날이 앞으로 향하게 검 손잡이를 오른편 옆구리 쪽으로 빼서 얼굴, 목을 향해 팔을 펴 사선으로 찌르기.

상단검배찌르기 : 검끝날이 앞으로 향하게 검 손잡이를 왼편 옆구리 쪽으로 빼서 얼굴, 목을 향해 팔을 펴 사선으로 찌르기.

중단검찌르기 : 한손 또는 양손으로 쥔 검을 가슴 또는 명치를 향해 팔을 정면으로 펴 찌르는 검찌르기기술.

중단검세찌르기 : 가슴, 명치를 향해 정면으로 팔을 펴 찌르기.

중단검평찌르기 : 검끝날이 앞으로 향하게 검 손잡이를 오른편 옆구리 쪽으로 빼서 가슴, 명치를 향해 팔을 펴 사선으로 찌르기.

중단검배찌르기 : 검끝날이 앞으로 향하게 검 손잡이를 왼편 옆구리 쪽으로 빼서 가슴, 명치를 향해 팔을 펴 사선으로 찌르기.

하단검찌르기 : 한손 또는 양손으로 쥔 검을 위아랫배를 향해 팔을 정면으로 펴 찌르는 검찌르기기술.

하단검세찌르기 : 위아랫배를 향해 정면으로 팔을 펴 찌르기.

하단검평찌르기 : 검끝날이 앞으로 향하게 검 손잡이를 오른편 옆구리 쪽으로 빼서 위아랫배를 향해 팔을 펴 사선으로 찌르기.

하단검배찌르기 : 검끝날이 앞으로 향하게 검 손잡이를 왼편 옆구리 쪽으로 빼서 위아랫배를 향해 팔을 펴 사선으로 찌르기.

아래검찌르기 : 한손 또는 양손으로 쥔 검을 허벅지, 무릎, 발등을 향해 팔을 정면 으로 펴 찌르는 검찌르기기술.

아래검세찌르기 : 허벅지, 무릎, 발등을 향해 정면으로 팔을 펴 찌르기.

아래검평찌르기 : 검끝날이 앞으로 향하게 검 손잡이를 오른편 옆구리 쪽으로 빼서
   허벅지, 무릎, 발등을 향해 팔을 펴 사선으로 찌르기.

아래검배찌르기 : 검끝날이 앞으로 향하게 검 손잡이를 왼편 옆구리 쪽으로 빼서
   허벅지, 무릎, 발등을 향해 팔을 펴 사선으로 찌르기.

검끝평돌려찌르기 : 손등이 위로 향하게 찌른 검의 날로서 수평으로 뉘어진 검날
   끝으로 찌르는 기술.

검끝배돌려찌르기 : 손바닥이 위로 향하게 찌른 검의 날로서 수평으로 뉘어진 검날
   끝으로 찌르는 기술.

아래세쥔검앞찌르기 : 아래세쥔검을 정면으로 팔을 펴 찌르는 찌르기기술.

아래세쥔검뒤찌르기 : 아래세쥔검을 옆구리에 붙쳐 후면으로 팔을 펴 찌르는 찌르
   기기술.

검치기 : 단검, 중검, 장검의 검 옆날이나 검등날 전체부위를 사용해 공격 방향과
   높낮이를 조절 하여 가격하는 치기술로서 봉무기 치기의 및 용법을 그대로 검
   무기 치기 용어 및 용법으로 사용함.

검찍기 : 단검, 중검, 장검의 검 손잡이 끝으로 공격 방향과 높낮이를 조절 하여 급소
   및 골격을 찍듯이 쳐 가격 하는 찍기술로서 봉무기 찍기의 용어 및 용법을 그대로
   검무기 찍기 용어 및 용법으로 사용함.

무기막고치기 : 무기로 막고 치는 기술.

무기막고찌르기 : 무기로 막고 찌르는 기술.

무기막고찍기 : 무기로 막고 찍는 기술.

검막고베기 : 검을 막고 베는 기술.

무기막고차기 : 무기로 막고 발차기로 가격 하는 기술.

무기치고막기 : 무기로 치고 막는 기술.

무기찌르고막기 : 무기로 찌르고 막는 기술.

무기찍고막기 : 무기로 찍고 막는 기술.

검베고막기 : 검으로 베고 막는 기술.

무기단식치기 : 한번 치기.

무기복식치기 : 두 번 치기.

무기혼용복식치기 : 두가지 치기술을 한번씩 연결해 치고 치기로 두 번 치기거나
   찍고치기, 베고치기, 찌르고치기 등으로 결합혼용.

무기좌우복식치기 : 좌우로 한번씩 두 번 치기.

무기좌우혼용복식치기 : 두가지 치기술을 좌우로 한번씩 연결해 치고 치기로 두 번
   치기거나 찍고치기, 베고치기, 찌르고치기 등으로 결합혼용.

쌍무기일수단식치기 : 한손에든 무기를 한번 치고 다른 한손의 무기는 치지 않는
   기술.

쌍무기단식치기 : 양손에 쥔 무기를 동시에 한번 치기.

쌍무기복식치기 : 양손에 쥔 무기를 동시에 두번 치기로서 동일치기를 높낮이를 조절해 칠수도 있음.

쌍무기혼용복식치기 : 양손에 쥔 무기를 동시에 한번치고 다른 치기술로 동시에 한번 치는 기술로서 높낮이를 조절 해 칠 수도 있음.

쌍무기좌우복식치기 : 양손에 쥔 무기를 한손 무기 치고 다른 손 무기 치기.

쌍무기좌우혼용복식치기 : 양손에 쥔 무기를 한손 무기 치고 다른 손 무기로 다른 치기술로 치기.

무기연결치기 : 봉 또는 검치기를 처음부터 마지막 순서까지 모두 연결해서 치는 기술.

단식베기 : 한번 베기.

복식베기 : 연속 베기.

혼용복식베기 : 두 가지 베기술을 한번씩 연결해 베고 베기로 두 번 베거나 찌르고 베기, 치고 베기, 찍고 베기 등으로 결합혼용.

좌우복식베기 : 좌우로 한번씩 두 번 베기.

좌우혼용복식베기 : 두 가지 베기술을 좌우로 한번씩 연결해 베고 베로 두 번 베거나 찌르고 베기, 치고 베기, 찍고 베기 등으로 결합혼용.

쌍검일수단식베기 : 한손에 쥔 검으로 한번 베고 다른 한손의 검은 베지 않는 기술.

쌍검단식베기 : 양손에 쥔 검을 동시에 한번 베기.

쌍검복식베기 : 양손에 쥔 검을 동시에 두 번 베는 기술로서 동일 베기를 높낮이를 조절해 밸 수 있음.

쌍검혼용복식베기 : 양손에 쥔 검을 동시에 한번 베고 다른 베기술로 동시에 한번 베는 기술로서 높낮이를 조절해 밸 수도 있음.

쌍검좌우복식베기 : 양손에 쥔 검을 한손 검 베고 다른 손 검으로 베기.

쌍검좌우혼용복식베기 : 양손에 쥔 검을 한손 검 베고 다른 손 검으로 다른 베기술로 베기.

검연결베기 : 단검, 중검, 장검 베기를 처음부터 마지막 순서까지 모두 연결해서 베는 기술.

단식찌르기 : 한번 찌르기

복식찌르기 : 연속 찌르기

무기찌르기 : 칼.검.곤.봉 무기로 찌르기

무기혼용복식찌르기 : 두 가지 찌르기기술을 한번씩 연결해 찌르고 찌르기로 두 번 찌르거나 치고 찌르기, 베고 찌르기, 찍고 찌르기 등으로 결합혼용.

무기좌우복식찌르기 : 좌우로 한번씩 두 번 찌르기.

무기좌우혼용복식찌르기 : 두가지 찌르기기술을 좌우로 한번씩 연결해 찌르고 찌르기로 두 번 찌르거나 치고 찌르기, 베고 찌르기, 찍고 찌르기 등으로 결합혼용.

쌍무기일수단식찌르기 : 한손에 쥔 무기를 한번 찌르고 다른 한손의 무기는 찌르지 않는 기술.

쌍무기단식찌르기 : 양손에 쥔 무기를 동시에 한번 찌르기.

쌍무기복식찌르기 : 양손에 쥔 무기를 동시에 두번 찌르기로서 동일 찌르기를 높낮이를 조절 해 찌를 수도 있음.

쌍무기혼용복식찌르기 : 양손에 쥔 무기를 동시에 한번 찌르고 다른 찌르기기술로 동시에 한번 찌르는 기술로서 높낮이를 조절 해 찌를 수도 있음.

쌍무기좌우복식찌르기 : 양손에 쥔 무기를 한손 무기 찌르기 다른 손 무기 찌르기.

쌍무기좌우혼용복식찌르기 : 양손에 쥔 무기를 한손 무기 찌르고 다른 손 무기로 다른 찌르기기술로 찌르기.

무기연결찌르기 : 봉 또는 검치기 찌르기를 처음부터 마지막 순서까지 모두 연결해서 찌르는 기술.

전환선법무기치기 : 전환선법을 혼용하여 무기 치기 기술을 수련함.

전환선법무기찌르기 : 전환선법을 혼용하여 무기 찌르기 기술을 수련함.

전환선법무기찍기 : 전환선법을 혼용하여 무기 찌르기 기술을 수련함.

전환선법검베기 : 전환선법을 혼용하여 검 베기 기술을 수련함.

권무형법 : 권법, 수족법, 무기형법을 동시에 구현하는 기술.

자유연결권무형법 : 다수의 적과 대치한 가상의 상황을 만들어 전후좌우방향과 전환선법을 이용한 권법, 수족법, 무기형법을 연결하여 연속으로 하는 기술로 5연속, 10연속, 20연속 단계적으로 무기형법을 함.

전환선법권법 : 전환선법을 통한 방향전환과 위치이동 후 이루어지는 권법.

전환선법수족법 : 전환선법을 통한 방향전환과 위치이동 후 이루어지는 수족법.

전환선법무기형법 : 전환선법을 통한 방향전환과 위치이동 후 이루어지는 무기형법.

낙선법혼용권무형법 : 낙법, 선법, 낙선법을 통한 위치이동 후 이루어지는 권법, 수족법, 무기형법, 권무형법.

가격권무형법 : 가상목표물을두고 권무형법을 하는것

타격권무형법 : 목표물을 두고 권무형법을 하는것

호위권무형법 : 권무형법을 이용해 위해자에게 노출된 경호대상을 보호하며 무기등을 혼용해 공격하는 기술

호위권법 : 경호대상을 맨손으로 보호하며 하는 권법.

호위수족형법 : 경호대상을 호위술로 보호하며 하는 수족(족수)형법.

호위무기형법 : 경호대상을 호위술로 보호하며 하는 무기형법.

호위낙선법혼용호위권무형법 : 낙호법, 선호법, 호위낙선법을 통해 경호대상의 안전을 확보하고 경호대상을 중심으로 호위하며 이루어지는 호위권법, 호위수족법, 호위무기형법, 호위권무형법.

팀호위권무형법 : 2인 이상 팀을 이뤄 경호대상자를 호위하고 상대를 제압하는 권무형법 기술.

장명진

- 사단법인 한국경호무술진흥회 회장
- 전통무예원류적통자 모임 간사
- 장명진경호무술원 총원장
- 국무총리실 국가재난관리본부 자문위원
- 초당대학교 경호학과(경호무술) 겸임교수
- 고려대학교 사범대학원 석사과정(경호무술) 강사
- 선문대학교 무도학과, 충청대학 태권도학과(경호무술) 강사
- 국립경찰대학 수사보안연수소(경호무술/경호전략) 강사
- 중국연길시공안국 보안전문대학교 명예교수
- 한서대학교, 서일대학 사회교육원 경호학과(경호무술) 강사
- KBS아카데미 경호원 양성과정(경호무술) 강사
- 사단법인 한국무예포럼 운영위원
- 주식회사 탐경(경호회사) 대표이사
- 국제경호아카데미 원장
- 국제경호협회 회장
- 한국안전교육학회, 한국경호경비학회 운영위원
- 사단법인 한국경비협회 신변보호분과 운영위원
- 사단법인 한국직능단체총연합회 상임부회장
- 제10기 민주평화통일 자문위원(대통령)
- 윗몸일으키기(14,824회) 기네스기록 보유(1990년)
- 『경호무술』, 『경호실무』 저술(개정7권, 1994년~2011년)
- 『경호직무능력표준』, 『경호자격규정집』(2004년~2005년)
- 「경호산업문제분석과 발전방안에 관한 연구」 외 다수의 논문
- 대통령표창(2002년), 국무총리표창(2007년)

[무술입문 및 경호무술 창시보급]

7세에 무예 입문. 태권도, 택견, 합기도, 쿵푸 등을 수련하고 경호무술을 창시하는 등 40여 년간 무공을 쌓았다. 1986년 708특공대(경호부대) 복무 중 86서울아시안게임과 88서울올림픽 경호작전임무를 계기로 경호무술을 연구하기 시작해, 1992년 정립한 경호무술을 국내 최초로 설립된 국제경호아카데미에서 경호원양성 교육과정으로 지도하기 시작하였다. 이후 대학(교) 경호무술학과 및 경호학과와 관련학과에 보급하였다. 1996년 국내최초로 인터넷 경호무술강좌를 시작으로 초·중·고등학생 및 일반인 대상으로 경호무술원을 개원하여 전국에 보급하고 있다. 또한 중국, 미국, 남미지역에 해외지부를 두고 세계화 중에 있으며, 국내외 주요 방송매체를 통해 크게 주목받고 있다.

경호무술 Since1992 警護武術
호위권무형법

3

초 판 인 쇄| 2011년 7월 15일
초 판 발 행| 2011년 7월 15일

지 은 이| 장명진
펴 낸 이| 채종준
펴 낸 곳| 한국학술정보㈜
주　　　소| 경기도 파주시 교하읍 문발리 파주출판문화정보산업단지 513-5
전　　　화| 031) 908-3181(대표)
팩　　　스| 031) 908-3189
홈 페 이 지| http://ebook.kstudy.com
E－mail| 출판사업부　publish@kstudy.com
등　　　록| 제일산-115호(2000. 6. 19)

ISBN　　978-89-268-2190-9 14690 (Paper Book)
　　　　978-89-268-2191-6 18690 (e-Book)
　　　　978-89-268-2184-8 14690 (Paper Book Set)
　　　　978-89-268-2185-5 18690 (e-Book Set)

이담 Books 는 한국학술정보(주)의 지식실용서 브랜드입니다.